中国不良资产管理行业系列教材

中国不良资产管理行业概论

李传全 刘庆富 冯 毅 编著

复旦大学出版社

中国不良资产管理行业系列教材

·专家委员会·

主　　任　　张　军
副 主 任　　李心丹
委　　员　　陈诗一　胡金焱　梁　琪　吴卫星　方　颖
　　　　　　杨晓光　周亚虹　李仲飞　张顺明　范剑勇

·编撰委员会·

主　　任　　孙建华
副 主 任　　李伟达
执行编委　　李传全　刘庆富
委　　员　　陆秋君　钱　烈　余　晶　冯　毅

作者简介

李传全,复旦大学金融学博士。现任浙商资产副董事长、首席战略官、研究院院长,浙江国贸集团博士后工作站博士后导师,浙江工商大学金融学院(浙商资产管理学院)联合院长,广东财经大学客座教授。曾在多家金融类和实体企业中担任要职,在不良资产管理领域具有较为丰富的运营管理和理论研究经验,指导了我国地方AMC行业第一位博士后。在证券、信托及资产证券化等领域也有着深入的研究探索,是国内较早研究资产证券化的学者之一。

刘庆富,复旦大学经济学院教授、博士生导师。东南大学管理科学与工程博士、复旦大学金融学博士后、美国斯坦福大学访问学者,2017入选"上海市浦江人才"计划。现任复旦-斯坦福中国金融科技与安全研究院执行院长,复旦-中植大数据金融与投资研究院学术副院长和上海市金融大数据联合创新实验室副主任;兼任复旦大学大数据学院教授和北京雁栖湖应用数学研究院教授。主要研究兴趣为金融科技、大数据金融、绿色金融及不良资产处置。曾在 *Journal of Econometrics*、*Journal of International Money and Finance* 等国内外重要期刊发表论文100余篇,出版专著三部,主持国家自然科学基金委、科技部、教育部等课题20余项,研究成果多次获得会议最佳论文奖或一等奖,学术观点和访谈也被多家主流媒体刊登和(或)转载。

冯毅,浙江大学经济学院博士后、中央财经大学商学院博士,现任浙商资产战略发展部总经理兼研究院副院长、浙江民革经济委员会委员。在《国际贸易》《农村经济》等各类期刊发表学术论文。出版专著《股权结构与董事会效率关系研究》,译著《灭火:美国金融危机及其教训》《极端经济》《灰犀牛:个人、组织如何与风险共舞》《21世纪货币政策》《通胀陷阱》等。

序　言

经济是肌体，金融是血脉，二者相互依赖，相辅相成，金融的活跃与稳定直接影响经济的状况。金融安全是国家安全的重要支柱，防范化解金融风险，尤其是系统性金融风险，是金融工作的根本性任务和永恒主题。经过不懈努力，我国已取得阶段性的金融风险防范成果，金融风险得以收敛。然而，面临需求收缩、供给冲击、预期转弱的三重压力，我国金融发展中的各类风险挑战仍不可忽视。因此，必须积极而审慎地防范处置各类金融风险，以确保金融体系的安全、高效和稳健运行。作为防范化解金融风险的重要力量，不良资产管理行业的关键作用日益显现。经过20多年的持续发展，我国不良资产管理行业已成为我国多层次金融体系的重要组成部分，充当着金融业的"稳定器"与"安全网"。

近年来，国内不良资产的规模和类型不断增加，推动不良资产管理行业进入快速发展期。正如过往中国的其他新兴金融业务，一旦市场认识到不良资产管理的潜力和吸引力，各类投资和服务机构便纷纷涌入该领域。回顾近几年不良资产市场的发展，促进行业制度完备、规范业务发展、理顺监管体系等成为行业面临的重要任务。而这些重要任务的圆满完成又有赖于行业的统一认知。因此，有必要对行业基础性理论和实务知识体系进行系统性构建，以消除认识误区，使方兴未艾的不良资产管理行业更加健康发展,能在防范化解金融风险、支持实体经济发展等方面发挥更大的作用。

目前,行业参与者及相关人士对不良资产管理系统性理论和实务知识的需求强烈。不良资产管理领域多有书籍出版,但大多聚焦于行业发展建议或某些专业实务问题的解决,尚缺乏集理论与实践于一体的全景式专业系列教材。一定意义上,本系列教材的出版,填补了这一领域的空白。不良资产管理行业是一项实践性、综合性、学科交叉性等特色突出的金融领域。向社会呈现一部系统性集成性的系列教材,既能满足广大读者的学习需要,也是对行业做的一次全面系统的理论演绎和实务梳理总结;无论对行业发展抑或对资产管理专业的学科建设都具有重大意义。

本系列教材的专业性体现在其知识结构、逻辑和整体性符合当前金融专业书籍的要求。所有知识点,如概念、理论、结论和解析,均遵循不良资产管理行业的普遍认知来进行阐述。理论与实务相结合,概念与案例相结合,以通俗易懂的方式,为读者呈现实务操作的方法和路径。

本系列教材由浙商资产和浙商资产研究院与复旦大学经济学院和复旦-斯坦福中国金融科技与安全研究院联合组织专业人员共同编著。浙商资产和浙商资产研究院的编著人员在不良资产管理行业深耕多年,深知行业发展脉络,具有丰富的实践经验;复旦大学经济学院和复旦-斯坦福中国金融科技与安全研究院的编著人员则拥有深厚的经济、金融等相关领域理论基础。理论的高度与实践的深度的有机结合使本系列教材对于不良资产管理领域的诸多问题有了清晰的答案,凸显了本系列教材的实战性和生命力,也体现出其出版的现实意义和理论价值。

现实世界中的不良资产情况复杂、价值各异,可以说不良资产管理既是科学，也是艺术。成功的不良资产管理在科学与艺术之间寻找价值平衡。在这个意义上，不良资产管理一线参与者的经验、体验，甚至教训，都构成不可或缺的生动教材。我相信，本系列教材的出版是对中国不良资产管理行业的发展的重要贡献。

复旦大学经济学院院长

2023年7月

总　　序

通常意义上，1999年四大资产管理公司成立可以认为是中国不良资产管理行业的起始点。经过20多年的持续发展，不良资产管理行业从无到有，已经成为我国多层次金融体系中不可或缺的一部分，是逆周期调节的重要工具，也是金融业重要且必要的"稳定器"与"安全网"。纵观中国不良资产管理行业的历史，从最初接收四大国有商业银行和国家开发银行剥离的1.4万亿元政策性不良贷款开始，到商业化转型，再到完全市场化收购处置不良资产，无论是四大资产管理公司还是地方资产管理公司，都为促进实体经济增长和转型、守住不发生系统性风险底线、维护国家金融安全提供了重要保障，较好发挥了"防化金融风险、服务实体经济"的功能作用。

中国不良资产管理行业历经20多年发展，已逐渐形成自身特色。这种特色主要体现在体系化、市场化、全面性、多层次性和行业性。中国不良资产行业已形成一级市场到二级市场的市场体系，初步构建了制度体系和监管体系，形成与金融体系无缝衔接的子体系，行业的体系化体制安排基本形成。市场化主要表现在肇始于政策性安排的运行机制已经完成市场化的定价机制和运行机制转型。全面性主要表现为不良资产市场的区域与类型的全覆盖，即形成了从全国到区域，从金融不良到非金融不良，从银行端到政府端再到企业端的全面覆盖。多层次性在于已形成从维护市场有序性的许可制度到多样性社会力量的深度参与，形成了高效的传导机制和化解机制。

当然，从某种程度上讲，行业性是这些特色的集中体现。不同于其他地区和国家，中国不良资产管理已经初步完成了行业塑形，具有清晰的行业特征：数量足够多的市场参与主体，初步完备的制度框架，巨大的市场容量和较深的市场交易厚度。

从行业参与主体来看，目前有五大资产管理公司（2021年第五家全国性资产管理公司——银河资产开业，形成了全国性的五大资产管理公司）、59家持牌的地方资产管理公司、银行系的金融资产投资公司、大量非持牌民营公司以及外资机构的投资商，同时还有为资产管理公司提供相应服务的律师事务所、资产评估所等各类服务商，形成了较为稳定的市场生态圈和产业链。从行业制度看，业务运行的法律制度、监管制度、市场规则等基本成形。再看市场规模和交易厚度，目前银行业不良资产余额已经接近三万亿级规模，非银金融、非金等不良资产市场增长也非常之快，都在万亿级别，标的多样化特征显著，市场空间广阔。从运行机制看，市场化的定价机制、交易机制和处置机制，活跃且有厚度的市场交易，结合较大的市场容量，为市场的长期可持续发展提供了较好的保障。这些维度充分说明，中国不良资产管理具有常态化制度安排的行业特征，不再是危机时的权宜性的政策性安排；行业性是中国不良资产管理行业各项特色的集中体现，这种特色在一定程度上决定了其制度安排的高效性。

但是，中国不良资产管理行业在发展中也存在着一些问题。一是行业制度还不够完备，尤其是地方资产管理公司至今尚未形成比较统一明确的监管规则，各地方金融监管机构的监管规则差异性明显。二是业务规则的不统一。经常会遇到监管无明文规定某项业务能否实施的问题，存在监管滞后的情况。三是市场地位不平等。虽然地方资产管理公司的业务资质由原银保监会颁发，与五大资产管理公司做同样的业务，但是被视为地方性类金融机构，未获得金融机构资质许可。四是监管主体的不统一。目前我国对地方资产管理公司的机构监管的具体方式是中央负责业务资质，地方负责主体监管，而地方监管部门除了地方金融监管局，股东层面的管控主体又存在着国资委与财政的差别，多个监管主体之间存在不同的监管要求。五是司法的不统一。主要表现在同一法律要求对于不同的区域、不同类型的公司，在某些法律场景，对于金融资产管理公司和地方资产管理公司存在适法不统一的情况。

瑕不掩瑜，虽然中国不良资产行业发展中存在着一些问题，但其过去20多年在维护国家金融安全、服务实体经济方面所作出的贡献，充分说明了其常态化行业性安排具有独特的金融制度优势。我们所面临的任务是如何进一步完备这一制度安排，更好地发挥其金融功能定位。这就要求包括从业主体、政府监管部门、学界等在内的社会各界力量，加大研究力度，总结经验，统一认知，推进行业走向成熟。

应该说，过去20多年，行业研究对推动行业发展发挥了重要的作用。从四大资产管理公司设立到其商业化转型，再到地方资产管理公司的诞生和市场化机制的建立，都凝聚了商界、学界和政府部门大量的心血，结出了丰硕成果，为行业的发展实践作出了巨大贡献。当然，这期间由于中国经济金融改革发展的持续深化，不良资产管理行业也伴随着经济的腾飞而飞快成长，一定程度上，研究与行业高速发展的现实还存在差距。今天来看，制约行业发展的因素很大程度上来自各方对行业属性和如何发展的基本问题的认知不到位、不统一，而解决这种不到位和不统一的问题对研究提出了更高的要求。纵观行业领域的研究，理论方面多集中在早期四大资产管理公司的设立和转型以及市场化探索方面，实践方面则多集中在包括地方资产管理公司在内的公司运作和发展方面。行业走到今天，我们需要对相对初步成形的不良资产管理行业进行历时性和共时性的梳理总结，站在行业全局性视角进行基础研究，挖掘行业基本属性、功能和机制，为完善和优化行业的制度监管框架提供统一性认知。这两个方面的任务，是摆在学界、商界和监管部门面前的重要研究课题。

在研究的基础上编撰系列性教材是对行业进行历时性和共时性总结的最佳路径。目前，无论是可供从业人员系统学习的教材，抑或是不良资产管理学科专业本身都还是一片空白。一套完整的系列教材将全面总结行业历史和现状，不仅为行业从业者提供学习素材，同时也为包括监管部门在内的各界人士全面统一认识行业提供支持。系列教材横向和纵向的全面性将为深入研究行业的基本属性、功能和运行机制打下基础。

基于此，浙商资产和浙商资产研究院联合复旦大学经济学院和复旦–斯坦福中国金融科技与安全研究院组织强大的专家队伍，编著了这套"中国不良资产管理行业系列教材"。希望借此填补行业系列教材的空白，推进不良资产管理学科建设；同时通过从全局到局部，从理论到实务对行业进行全方位总结，为行业深层次问题的研究提供基础。

一直以来，浙商资产高度重视行业研究，成立之初就成立了浙商资产研究院，深耕行业发展的同时，为行业的发展持续贡献诸多成果，其研究成果也得到了国内外行业专家的广泛认同。2018年开始，浙商资产研究院联合复旦–斯坦福中国金融科技与安全研究院首度研发"复旦–浙商中国不良资产行业发展指数"，持续展示中国不良资产管理行业的发展趋势，填补了这一领域的研究空白。这一研究成果也被作为复旦大学智库建设的代表报送国务院办公厅，获得了浙江省国资委优秀研究课题二等奖，得到了行业各界的广泛好评。这次"中国不良资产管理行业系列教材"的隆重推出，又是复旦大学和浙商资产产教融合的一大典范，必将对资产管理行业的深度研究、对资产管理专业学科建设以及行业健康发展产生深远影响。

本系列教材由四本书组成，分别为《中国不良资产管理行业概论》《中国不良资产管理操作实务》《中国不良资产管理法律实务》《中国不良资产管理评估实务》。系列教材既对不良资产管理行业的历史、现状及未来展望做了全景式的历时性分析和共时性展示，又全面覆盖了不良资产管理实务操作所涉及的主要方面，力求横向到边、纵向到底。理论层面，以不良资产管理基本概念和科学分类为基本起点，沿着行业发展、实务操作、法律法规和价值评估四个维度循序展开；同时又以当前行业实务为基础，构建完整操作实务以及相应的法律和评估知识体系，充分展现了专业性、综合性的统一融合，可谓四位一体。

本系列教材以学历教育及实务培训为导向，主要面向学生及不良资产管理行业从业人员，目标在于让读者能够全面了解不良资产管理行业整体情况，并快速掌握基本业务操作要领。作为填补这一国内空白领域的系列教材，我们在多个方面进行了创新，主要如下。

一是理论层面的拓展。目前已有的不良资产管理领域书籍在理论层面或多或少都有涉及，主要从不良资产的概念、成因等角度进行阐述。本系列教材在理论层面进行了拓展，在不良资产分类与辨析、不良资产管理分类、业务类型分类、发展历史及行业功能特征等多方面进行了理论塑造。围绕行业实际，从专业层面对实务内容进行了理论阐释与分析，一定程度上丰富了现有的理论体系。

二是行业知识系统化。不良资产管理涉及的行业知识面较广，现有的相关书籍在行业知识的系统性方面较弱。本系列教材在行业知识系统性方面进行了探索，将不良资产管理中较为重要的概念、实务操作、评估以及法律分别单独成册进行了较为详尽的讲解，将行业知识进行了系统集成，丰富了行业研究的理论体系化构建。

三是多学科交叉融合。不良资产管理本身就是综合性较强的领域，实务操作中涉及多个专业领域的交叉融合。本系列教材针对行业特性，在编撰过程中将经济学、金融学、管理学、资产评估学、法学等学科知识进行了交叉融合，多维度分析具体实务操作与案例，多管齐下展现不良资产管理所需的知识与能力。总之，本系列教材运用学科交叉融合，更好地让读者理解不良资产管理的要义。

四是强化实务应用性。目前不良资产管理领域相关书籍以理论探讨居多，而针对系统性实务操作的较少，特别是可以作为教材范本的少之又少。本系列教材正是从这个视角出发进行有益探索，手把手地传授实务操作，具有较好的实践指导性，是行业实务领域中的一大突破。

在本教材编撰过程中，参与各方倾注了辛勤的汗水。专家指导委员会主任张军教授及其他专家委员为本教材的知识体系搭建进行了系统性理论指导。编辑委员会主任孙建华董事长统筹教材的编辑出版工作、指导教材的知识体系安排。副主任李伟达总经理对于教材主要内容给予了实操性专业指导。执行编委李传全博士全面负责教材的具体编撰工作，制定编撰计划，确定教材的选题范围、体例框架、内容结构以及教材内部的逻辑关联，优化与构建包括基本概念界定、业务分类、管理主体分类、历史划分等在内的教材所共同遵循的基础理论体系，指导教材的撰写、修改和审校。执行编委刘庆富教授主要参与教材的理论指导，负责教材的出版组织工作。陆秋君博士负责法律实务的编撰组织、部分章节的撰写和统稿工作；钱烈先生负责评估实务的编撰组织、全书主要章节的撰写和统稿工作；冯毅博士负责行业概论的编撰组织、部分章节的撰写和统稿工作；余晶博士负责操作实务的编撰组织、部分章节的撰写和统稿工作。

其他参与本系列教材的编撰人员包括：《中国不良资产管理行业概论》，陈宇轩、赖文龙、孙力、刘丁、车广野、胡从一；《中国不良资产管理操作实务》，宋波、蒋炜、项玫、许祎斐、陶梦婷、褚希颖、戴苗、孙铮；《中国不良资产管理法律实务》，陈超、徐含露、袁淑静、吕佩云、卢山、陈晨、胡鑫淼；《中国不良资产管理评估实务》，游歆、王皓清、楼泽、倪萍、杜蒙、姚良怀、陈康扬、傅流仰。在此，对各位专家为本系列教材所贡献的智慧表示感谢！

应该说，本系列教材是复旦大学和浙商资产产教融合的又一重大成果。系列教材从理论以及实务层面对于不良资产管理进行了较为全面的介绍与讲解，覆盖了不良资产管理工作所涉及的主要领域，填补了行业及教育领域的空白。但客观而言，由于编撰团队自身行业经验不足，对行业以及实务认识有限，加之中国不良资产行业处在不断的发展变化中，诸多方面尚不定型，教材有些方面难免出现偏误或局限于一家之言。诚请行业内和教育界各位专家不吝指教，提出宝贵意见。

随着监管政策的持续优化调整以及不良资产市场自身的持续发展，中国不良资产管理行业也必将从初创走向成熟。这就要求我们与时俱进，持续关注行业内外部变化情况，根据行业发展情况不断扩展和修正本系列教材，塑造经典，使之成为持续推进资产管理学科建设和行业健康发展的重要力量。

是为序。

浙江省国贸集团党委副书记、总经理
浙商资产党委书记、董事长
2023年7月

致 读 者

《中国不良资产管理行业概论》主要是以普及不良资产管理行业知识为主，从不良资产管理行业涉及的主要方面进行全方位的介绍分析，包括基本概念和理论的引入、发展简史、行业生态系统、运行机制及市场交易状况等。作为系列教材中的入门教材，其基本概念和内容框架也构成了本系列教材中实务性教材的基础。各章主要内容如下。

第一章从不良资产的起源及相关概念、类型、成因等角度介绍不良资产的相关基础知识，以期使读者对什么是不良资产、不良资产有哪些种类、不良资产是如何产生的等行业基础问题有一个基本认识。

第二章对中国不良资产管理行业的特征及功能定位进行分析。中国不良资产管理行业起源于20世纪末应对亚洲金融危机、维护我国金融稳定的背景，借鉴国外相关经验做法而诞生并蓬勃发展，并在发展中不断形成独特的行业特征与功能定位。

第三章重点介绍中国不良资产管理行业发展简史。我国不良资产管理行业发展可分为三个阶段：政策性展业阶段（1999—2006年）、市场化转型阶段（2007—2012年）和全面市场化阶段（2013年至今）。各个阶段都有明显的行业特征，在我国经济金融发展史上留下了浓墨重彩的一笔。

第四章从不良资产管理行业供应商、投资商、服务商以及监管机构等出发，对行业生态系统进行介绍。重点描述了以银行为主要出让方的金融不良资产一级市场与以持牌机构为主要出让方的二、三级市场，对其他非金融不良资产市场的运行机制进行概述。

第五章至第八章分别从中国不良资产管理行业的市场结构、不良资产核心管理者（投资商）、不良资产辅助管理者（服务商）、行业监督管理等方面对行业生态系统与市场运行机制进行全面阐述。

第九章概括了不良资产管理主要业务，并对不良资产管理法律实务、评估实务进行简要介绍，为读者阅读《中国不良资产管理操作实务》《中国不良资产管理法律实务》《中国不良资产管理评估实务》三本教材打下基础。

第十章从行业生态、监管、市场、业务等方面分析了中国不良资产管理行业的发展趋势。随着行业内外部环境的变化以及市场深化，行业未来所面对的市场将更加多元，业态将更加复杂，竞争将会逐渐加剧。

"博学而笃志，切问而近思。"希望读者能通过本书形成对中国不良资产管理行业的全局性、系统性认知。同时，建议结合其他三本系列教材进行学习，既掌握行业理论和分析工具，又熟悉操作实务，构建全面的知识体系，以加深对不良资产管理行业实践的认识；通过融合金融业及不良资产管理行业时事及我国经济金融发展史进行综合分析思考，成为既懂理论又懂实务的"不良人"。

本书可供高学校师生，资产管理公司相关从业人员，银行等金融机构相关从业人员，会计师事务所、资产评估机构、律师事务所等中介机构的相关人员以及社会各界研究人员学习、培训和研究之用。本书在编著过程中力求严谨、细致，但由于编著者水平有限，书中难免有疏漏之处，恳请广大读者给予批评指正，也欢迎读者从各方面提出宝贵意见，以使本书日臻完善。

目　录

第一章
不良资产基础知识

第一节　不良资产的起源、概念及辨析 / 003

第二节　不良资产的类型 / 009

第三节　不良资产的成因 / 020

本章小结 / 026

本章重要术语 / 027

复习思考题 / 027

第二章
中国不良资产管理行业的特征及定位

第一节　中国不良资产管理行业的发展特征 / 031

第二节　中国不良资产管理行业的功能定位 / 037

本章小结 / 044

本章重要术语 / 044

复习思考题 / 045

第三章
不良资产管理行业发展简史

第一节　国内外不良资产管理行业发展总体情况 / 049

第二节　政策性展业阶段（1999—2006年）/ 060

第三节　市场化转型阶段（2007—2012年）/ 064

第四节　全面市场化阶段（2013年至今）/ 068

本章小结 / 077

本章重要术语 / 079

复习思考题 / 079

第四章
中国不良资产管理行业生态系统与市场运行机制

第一节　行业生态系统 / 083

第二节　市场运行机制 / 091

本章小结 / 094

本章重要术语 / 095

复习思考题 / 095

第五章
中国不良资产管理行业的市场结构分析

第一节　市场供应情况 / 099

第二节　市场交易情况 / 108

本章小结 / 117

本章重要术语 / 118

复习思考题 / 118

第六章
核心管理者：投资商

第一节　金融资产管理公司 / 121

第二节　地方资产管理公司 / 126

第三节　金融资产投资公司 / 132

第四节　非持牌投资者 / 138

第五节　各类主体对比 / 140

本章小结 / 144

本章重要术语 / 146

复习思考题 / 146

第七章
辅助管理者：服务商

第一节　处置服务商 / 149

第二节　专业服务商 / 154

第三节　交易服务商 / 164

第四节　综合服务商 / 179

本章小结 / 185

本章重要术语 / 186

复习思考题 / 187

第八章
中国不良资产管理行业监督管理

第一节　中国不良资产管理行业监督管理概述 / 191

第二节　中国不良资产管理行业的主要法律法规 / 193

第三节　中国不良资产管理行业的主要监管机构 / 199

第四节　中国不良资产管理行业的主要监管内容 / 206

本章小结 / 213

本章重要术语 / 213

复习思考题 / 214

第九章
不良资产实务简介

第一节　不良资产管理主要业务简介 / 217

第二节　不良资产法律实务 / 229

第三节　不良资产评估实务 / 236

本章小结 / 243

本章重要术语 / 244

复习思考题 / 245

第十章
中国不良资产管理行业发展趋势

第一节　行业生态发展趋势 / 249

第二节　行业监管发展趋势 / 252

第三节　行业市场发展趋势 / 255

第四节　行业业务发展趋势 / 261

本章小结 / 268

部分参考答案 / 269

参考文献 / 284

第一章

不良资产基础知识

20世纪80年代末期以来,随着金融全球化、国际间资本流动的加快和内部政治经济矛盾激化,许多国家和地区的银行及其他金融机构都出现了巨额的不良资产。这些不良资产损害了金融机构的稳健和安全,也危及了整个金融体系的稳定和国民经济的正常运行。

本章从不良资产的起源及相关概念、不良资产的类型、不良资产的成因等角度介绍不良资产的相关基础知识，以期使读者对什么是不良资产、不良资产有哪些种类、不良资产是如何产生的等行业基础问题形成一个基本的认识。

第一节　不良资产的起源、概念及辨析

一、不良资产的起源

不良资产是金融体系运行过程的伴生产物，也可以说是金融风险的产出品，历次金融危机的爆发与不良资产紧密相关。郁金香泡沫，又称郁金香效应，源自17世纪荷兰的历史事件。这是人类史上第一次有记载的金融泡沫经济，此事间接导致了当时欧洲金融中心——荷兰的衰落，这是由金融投机活动所引起的不良资产爆发，荷兰的郁金香泡沫昭示了人类社会的高风险性金融活动带来的严重后果。在高风险金融投机活动中，人们对财富狂热追求，到羊群效应，再到理性的完全丧失，直至泡沫的最终破灭，导致千百万人倾家荡产。距离我们较近的是于1997年爆发的亚洲金融危机，这次金融危机给东亚各国带来了严重的经济金融风险以及巨额的不良资产。2008年爆发于美国的国

际金融危机，肇始于次级贷款的风险爆发，也给全球各国带来了大量的不良资产。伴随着我国金融市场化的渐进式改革发展过程，我国金融体系在改革发展中也不可避免地积累了一定数量的不良资产。

从世界范围来看，不良资产是经济金融体系中带有普遍性的问题。很多国家和地区的银行系统或非银行类金融机构都曾经在不同程度上出现由于不良资产增多导致的金融危机。20世纪80年代末期以来，随着金融全球化、国际间资本流动的加快和内部政治经济矛盾激化，许多国家和地区的银行及其他金融机构都出现了巨额的不良资产。这些不良资产损害了金融机构的稳健和安全，也危及了整个金融体系的稳定和国民经济的正常运行。因此，防范与化解不良资产成为稳定经济金融体系的一个重要工作。

二、不良资产的概念

对于什么是不良资产这个问题，目前在行业内并没有形成一个严格统一的概念。事实上，不良资产是一个非常宽泛的概念，各类机构在业务开展中出现的无法正常回收的、质量低下的资产都可以归为不良资产。与正常的资产相比，不良资产具有低收益、低流动性等特征。我们将不良资产定义如下：

不良资产（Non-Performing Assets，简称NPAs）是指在现实条件下不能给持有人带来预期收益的资产。

不良资产涉及的最大领域是银行体系，因此，在一般情形下提及不良资产，主要是指银行体系所产生的不良资产，即不良贷款（Non-Performing Loans，简称NPLs）。对于传统意义上的银行不良资产的概念，根据中国人民银行于1998年发布的《贷款风险分类指导原则》、原银监会2007年发布的《贷款风险分类指引》以及2019年《商业银行金融资产风险分类暂行办法（征求意见稿）》的内容，商业银行应对表内承担信用风险的金融资产进行风险分类，包括但不限于贷款、债券和其他投资、同业资产、应收款项等。表外项目中承担信用风险的，应比照表内资产相关要求开展风险分类。金融资产按照风险程度可分为五类，分别为正常类、关注类、次级类、可疑类、损失类，后三类合称"不良资产"。

2023年2月11日，原银保监会[①]、中国人民银行联合发布了《商业银行金融资产风险分类办法》，该办法于2023年7月1日起实施，过渡期至2025年12月31日。正式稿和2019年征求意见稿相比变化较小。但与当前的五级分类规则相比，则大幅度提高了要求。该办法正式将五级分类从传统贷款扩展到对表内承担信用风险的金融资产，包括但不限于贷款、债券和其他投资、同业资产、应收款项等；表外项目中承担信用风险的，应按照表内资产相关要求开展风险分类。本办法还强调了资产信用减值在风险分类中的作用，只要发生了因为信用状况恶化的减值，就需要降为不良。明确以债务人为中心的风险分类理念，不再以单笔贷款为分类对象。建立了重组资产分类制度，重组贷款规定"有紧有松"，这将有助于推动后续地产、城投等领域并购重组。本办法厘清了逾期天数与风险分类等级的关系，金融资产逾期后应至少归为关注类，逾期超过90天、270天应至少归为次级类、可疑类，逾期超过360天应归为损失类。总体来看，该办法将更有利于商业银行真实、准确地反映资产质量情况，实现信用风险有效防控。

除了银行体系外，还有非银行类金融不良资产，主要指信托公司、券

[①] 2023年3月，中共中央、国务院印发了《党和国家机构改革方案》。在中国银行保险监督管理委员会基础上组建国家金融监督管理总局，不再保留中国银行保险监督管理委员会。

商资管及基金子公司、金融租赁公司、财务公司、汽车金融公司、消费金融公司等非银行类金融机构开展租赁或借贷等业务而产生的不良资产。

在金融体系外的不良资产就成为非金融机构不良资产，主要是指非金融类机构基于日常生产经营活动或因借贷关系产生的不良资产。其中除了不良债权、股权和实物类资产以外，还包括各类金融机构作为中间人委托管理其他法人或自然人财产形成的不良资产。具体表现形式是企业之间形成的商业债权等，最常见的就是企业被拖欠的各种货款、工程款等。资产管理公司可以通过拍卖、处置或重组等方式盘活资产，以实现这些不良资产的风险化解。

不良资产管理本质是赋予不良资产转让流动性、在时间和空间两个方面对不良资产价值进行重新发现和再分配的过程。其价值在于防范风险、化解风险、发现价值、实现价值。防范风险是基础，化解风险是核心，发现价值是前提，实现价值是目标。行业进入者所获得的价值是资产价值和价格之差异在空间和时间两个维度上的再分配。这样的差异可能由经济周期决定，也可能是因为出售方希望快速低价交易以换取其他资源，如金融机构为释放资本金和信贷额度、降低不良率，以及企业为快速回收流动性。这意味着不良资产会出现阶段性的价格下跌低于实际账面价值以及产权持有方有极强的变现需求的情况。当然，还要看到不良资产本身具有一定的价值不确定性，因此还要进行合理判断后才能开展相关管理活动。从价值维度来看，资产价值被低估且存在价值修复的可能，说明存在着潜在的投资机遇，具备进行资产管理的价值。高估的资产或不具备价值修复能力的资产，是不具备资产管理价值的资产。

从不良资产处置的实务视角来看，银行处置不良资产在核销、自行清收等方式外通常采取批量转让的形式，即银行将不良资产批发给资产管理公司等持牌机构。2012年，财政部、原银监会《金融企业不良资产批量转让管理办法》中规定，"批量转让是指金融企业对一定规模的不良资产（10户/项以上）进行组包，定向转让给资产管理公司的行为"。也就是说，我国的银行不良贷款对外转让是采取批量的方式向外转让的，最少10户不同的债权组成一个资产包，这个组包的过程也很形象地被业内人士称为"打包"。2017年，原银监会又发文下调了组包的门槛，"批量转让是指金融企业对3户及以上不良资产进行组包，定向转让给资产管理公司的行为"。此后，不良资产包就是指3户及以上的不良贷款构成的债权组合，与3户相对应的是单户、两户不良债权。目前，在实务操作中大部分银行不良资产采取批量转让的形式，采取单户对外转让形式的占比较少。

三、相关概念辨析

目前，理论界与实务界对于有关不良资产的表述与概念仍有很多不同之处，也有许多称谓与解释，比如不良资产、特殊资产、另类资产、困境资产等。这就导致在某些情形下对于同一事物有着近似或者有差异性的表述理解，而行业外部对此或许会形成一些疑惑之处，因此有必要对这些概念进行分析与探讨。此处的分析是从研究的视角出发，并不代表形成最终定论，希望从分析中可以让读者形成更加清晰的认识与理解。

（一）不良资产

不良资产概念从持有人的角度出发，强调该资产因不能给持有人带来预期收益而被划分为"不良"这一类别。目前，不良资产是使用范围最广，也是各界所最具共识的一个概念。如前文所述，不良资产涉及的最大领域是银行体系，因此，行业内所称的不良资产多指该部分狭义的银行不良贷款。在某些具体场景及语境下，不良资产与特殊资产、另类资产、困境资产等概念也有混用的情形。

（二）特殊资产

特殊资产（special assets）概念从投资人的角度出发，强调该资产对于投资人而言具有特殊价值，体现了投资人的利益关注点。该类投资人多为产业投资人，自身在产业方面具有较强的专业能力，能够对不良资产的价值进行精准判断、有效提升。可以看出，特殊资产与不良资产两个概念具有较大的相似性，这也是理论界与实务界在很多情形下将两者视同一致的原因。此外，特殊资产概念隐含了发现资产价值、实现资产价值的意义，强调了在不良资产行业中推动"金融+产业"、深化产融协同的重要性。

（三）另类资产

另类资产（alternative assets）是从资产组合角度出发，相对于股票、债券等传统标准化投资标的而言的，主要包括房地产、私募债权、PE/VC、对冲基金问题资产等。另类资产的主要特征在于其非标性，因其风险、收益与传统标准化投资标的区别较大，已逐渐成为大类资产配置中重要的资产类别。可以看出，另类资产的范围广于不良资产，而在不良资产行业语境下，两个概念有时可能会混用，但另类资产更强调其在传统标准金融产品之外的另类属性，这与不良资产在实质性内容上具有较大的区分。另类资产的概念隐含了非标准产品与标准产品组合配置的意义，强调了运用结构金融手段的重要性。

（四）困境资产

困境资产（distressed assets）是不良资产概念从企业角度出发的另一种描述，是不良资产在特定场景下的表达。不良资产所对应的企业往往因某些因素而无法正常经营，即处于困境中，此时该企业（困境企业）的相关资产被称为困境资产。外部机构（如政府、资产管理公司等）通过各种手段对困境企业进行救助，帮助企业恢复正常经营、帮助资产实现正常价值，从而纾解困境的行为，即"纾困"。近年来，房地产行业发展的不确定性较强，房地产项目自身或操盘的房地产企业等多方面因素，导致很多烂尾楼项目的产生，这些项目被称为困境地产项目。困境资产概念隐含了盘活资产、帮助企业度过困境的意义，强调了以"不良+投行"思路对资产进行投行化处置的重要性。

根据上述分析，不良资产、特殊资产、另类资产、困境资产等相关概念的辨析汇总如表1-1所示。

表1-1 不良资产相关概念辨析

概　念	描述角度	强　调　重　点
不良资产	持有人角度	该资产无法为持有人带来预期收益
特殊资产	投资人角度	该资产对于投资人而言具有特殊价值
另类资产	资产组合角度	该资产属于传统标准金融产品之外的另类投资标的
困境资产	企业角度	该资产对应的企业、项目处于经营困境中

第二节　不良资产的类型

一、按照主体分类

从目前的理论与实务的双重层面来看，不良资产主要包括金融不良资产和非金融不良资产两大类。其中金融不良资产又分为银行不良资产与非银行金融（简称"非银金融"）不良资产两类。总体看来，这个分类可以大致描述为图1-1所示。

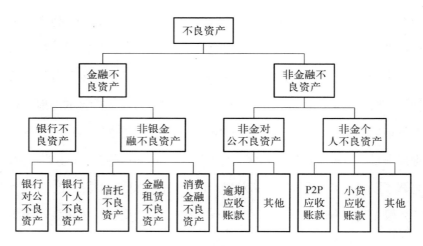

图1-1 不良资产主体分类

金融机构是不良资产的最初持有者和最初供给方，不良资产主要来源于金融交易过程中的信用违约。对于商业银行而言，不良贷款所能产生的未来现金流远低于预期，即资产价值出现了较大幅度的下挫。在应对这部分资产的时候，银行由于缺乏市场化的多样化处置手段、面临监管指标压力等，无法进一步地提升不良资产的内在价值。对已经形成损失的不良资产，银行主要通过增加拨备核销来化解；对尚在经营或有抵押资产的不良贷款，银行主要通过追偿、转让或拍卖抵债物来处置。但这些处置方法会造成经济资源的损失，因为不良资产所对应的抵押实物等资产是客观存在的实物，出现问题的是其中的经济及法律关系等。例如，有些企业只是暂时面临困境，如果渡过眼下的难关，未来是能恢复正常的生产经营的。因此，强制性地对抵押资产进行处置只会令该企业雪上加霜，最终面临破产倒闭的局面。再比如，有些企业是符合国家发展战略的高新技术企业，但是技术研发是一个长期复杂的过程，如果因为商业银行的资产处置不当导致研发在关键时期出现中断，对国家的技术创新和国际竞争力的提升都是不利的。

因此，更有效率的做法是将这部分资产转让给专业性更强的资产管理公司进行处置，通过充分挖掘不良资产的潜在价值，达到整个社会经济资源配置的优化。

商业银行的不良资产转让给资产管理公司后，资产管理公司通过债务重组、债权转股权（简称"债转股"）等方式实现资产的价值提升，不良资产就可能变为优质资产。资产管理公司在成为不良资产的需求方后，进而可以成为二级市场的批发商，这样就可以带动更多的市场力量来处置不良资产。早期资产管理公司的不良资产来源主要是商业银行和政策性银行。随着金融体系改革的不断深化，证券公司、保险、信托等非银金融开始蓬勃发展，与此同时也不同程度地产生了一些不良资产。因此，资产管理公司的不良资产来源不再局限于银行体系，很多非银金融机构也成为资产管理公司的合作对象。

本节所探讨的资产主体指的是资产管理公司的不良资产来源，即不良资产的最初持有者。这些资产在变成不良资产之前，是银行等金融机构的正常利息收入来源。当企业面临经营困境或者企业自身所持有的部分资产无法为其带来预期的收益时，债权人无法顺利回收事前协定的利息以及本金，这些资产就转化成了不良资产，就需要专业的管理机构介入以实现资产价值的维护与提升，从而提高资源配置效率。因此，本书将不良资产的来源主体分为银行、非银行金融机构、非金融机构以及个人。

（一）银行不良资产

银行主体又可以细分为政策性银行、大型商业银行、全国股份制银行、城市商业银行、农村商业银行（简称"农商行"）和其他银行。从历史发展历程来看，1999年为应对亚洲金融危机冲击，化解金融风险，支持国有企业改革脱困，我国组建了华融、长城、东方、信达四家金融资产管理公司（Asset Management Company，简称AMC），专门收购、管理和处置国有商业银行剥离的不良资产约1.4万亿元。2003年以后,为推进国有商业银行股份制改革,四家金融资产管理公司再次收购和接收大型国有商业银行不良资产1.3万亿元。因此,早期的不良资产来源都是国有大型商业银行。随着市场的逐渐发展,目前各类银行均有不同幅度的不良资产转让,从整体情况来看,市场出现了一些结构性特征,大型商业银行以及全国性股份制银行不良率相对较低,但其不良资产批量对外转让规模较大,其市场占比较高,而农商行不良率相对偏高,但不良资产对外转让规模较低,其市场占比也低。从贷款种类来看,不良资产包含住房、土地等不动产抵押贷款、机器设备等动产抵押贷款、个人信用贷款等。

（二）非银行金融机构不良资产

非银行金融机构包括信托、证券、保险、租赁公司、消费金融公司、财务公司、汽车金融公司等。随着中国金融市场改革的不断深化,越来越多的非银行金融机构开始深度参与金融市场。现在金额巨大的商业金融项目资金往往并非全部来源于商业银行,而是通过信托、证券、保险、金融租赁公司等机构产生。它们通过多种渠道和方式形成了多样化的金融产品,其中部分金融产品风险性较高,最后形成了不良资产,特别是前几年银行表外理财、资管计划、信托贷款、上市公司股权质押兴起,各种融资工具大行其道,助长了资金脱实向虚,给我国金融体系造成了一定的风险。这些金融风险所产生的不良资产表现形式较为复杂,处置难度也较高。目前,非银行类金融资产逐渐成为不良资产中的重要组成部分。

（三）非金融机构不良资产

非金融机构主要是指实体企业,只要企业的资产达不到预期的变现能力或获利能力,该项资产就可以被认定为不良资产。非金融机构不良资产出现的原因多种多样，这些原因有的来自企业的外部，有的来源于企业的内部。比如，有的不良资产是由于外部客户支付能力不足而引起的，对于这类不良资产，企业除了要调查清楚客户的信用之外，还必须努力争取到客户的担保或抵押。再如，有的不良资产是由于企业内部管理混乱而引起的，对于这类不良资产，企业必须加强管理。还有一些不良资产是由于国家的宏观经济政策的变化所引起的，对这类不良资产，重点要分析相关宏观经济政策的走向，然后采取相应的应变措施。从所有制形式上看，这类企业主要包括国有企业和民营企业，两者的不良资产处置是存在差异的。一般来说，为防止国有资产流失，国企不良资产的处理应依法处置、流程清晰、程序到位，并遵循公开、透明、竞争、择优等原则，整体处置周期较长。国企不良资产可考虑债务重组或债转股形式，将企业债权转变为股权，在财务状况好转后通过企业回购股权等形式退出。而民企不良资产处置方式较为灵活，所考虑的因素也较为简单，只要达到买卖双方合理价位即可实现快速处置。

从政策层面来看，2012年10月，原银监会印发《金融资产管理公司收购非金融机构不良资产管理办法（征求意见稿）》，该办法明确了四大金融资产管理公司在收购和处置银行等金融机构不良资产业务的基础上，开展非金融机构企业不良资产收购和处置业务的有关工作要求。2015年，财政部、原银监会下发《金融资产管理公司开展非金融机构不良资产业务管理办法》，标志着非金融机构不良资产成为新的蓝海。非金融机构不良资产，简称"非金业务"，一般指企业集团内部、企业之间发生的不良借款。比如应收账款，只要符合"真实、有效、洁净"三原则，即资产客观存在且对应的基础经济行为真实发生、属于国家法律法规允许转让的范围、资产权属关系能够得到交易相关方的认可，就可以认定为不良资产。这等于是在之前金融机构不良借款的平行世界里，把广袤的实体企业间不良借款，也纳入不良资产，大大充实了国内关于不良资产的理论认知。在华融、长城、东方、信达四家资产管理公司内，除了传统金融不良资产部门外，都成立了专门的非金不良部门来收购处置非金融机构不良资产。

（四）个人不良资产

除了金融机构及非金融机构主体之外，还有一个重要领域是个人不良资产。这里的区分主要是按照债务人的特征是机构还是个人而划分的。个人不良资产包括住房抵押贷款、信用卡贷款、互联网个人信贷和民间借贷等。其中，住房抵押贷款的占比最高，信用卡贷款是较为传统的个人信用借款方式，互联网个人信贷在近几年逐渐兴起，如蚂蚁旗下的花呗、借呗及京东白条等。目前，国内的资产管理公司对于个人不良资产的参与度还不高，原因在于金额小而分散、催收难度大和成本高，等等。近些年来，商业银行个人信贷业务呈现快速增长的态势，同时，个人不良贷款余额和比率亦有明显上升。但银行目前对个人不良资产的处置手段相对单一，主要包括催收或核销，即便是已经开始试点的个人不良贷款资产证券化（ABS），至今因规模较小也只是小众领域。因此，如何化解银行的个人不良资产也逐步成为一个重要的话题。随着商业银行个人不良贷款金额的扩大，监管机构开始重视个人不良资产处置问题，并在2021年1月出台了允许个人贷款批量转让的政策。

二、按照权益形态分类

资产的权益形态指资产价值的外在表现形式，是一个比较抽象的概念。目前，学术界和实务界对于资产在价值形态维度的划分并没有统一的标准，不良资产也是如此。本书从通用视角（债权、股权、实物）和资产评估视角（不动产、动产、无形资产、其他经济权益）两种视角进行分类。

（一）通用视角

目前较为普遍的做法是将不良资产从价值形态上分为债权类不良资产、股权类不良资产、实物类不良资产三大类（图1-2）。当然，除了上述三类之外还有其他特殊类型的不良资产，这类不良资产在整个不良资产中占比非常小，这里不再做具体分析。

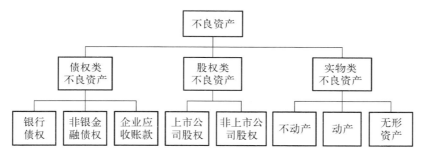

图1-2　不良资产权益形态分类（通用视角）

1. 债权类不良资产

债权类不良资产在不良资产市场中有着举足轻重的地位，目前不良资产市场上大部分都是债权类不良资产，债权类资产的核心在于其背后对应的抵押物价值或担保人所有的资产价值。这类资产需要表现为可比较、可以近似替代、存在交易市场、假定可以在市场上公开出售及处于较好使用状态。从现实情况来看，绝大部分抵押物是以土地以及各类房产为代表的不动产，担保人所有的土地及房产是这类不良资产所具有的实际价值，因此，房地产市场的发展趋势与债权类不良资产具有密切的关系。除了土地及房产外还有以机器设备及汽车等动产作为抵押物的债权类不良资产。

2. 股权类不良资产

股权类不良资产主要包括政策性债转股、商业性债转股、抵债股权、质押股权等，资产管理公司需要对相关股权价值进行评估，用评估结果作为计算资产管理公司占股及相关分红的依据。也就是说，股权类资产是由债权类不良资产转化而来的，因此，在评估时会加入很多的政策性特征。不过对于债转股的公司，财政部曾发文规定其资产、实物资产、长期投资、待摊费用等科目有其特定的评估原则。股权类不良资产的占股比例影响着利益的再分配，因此，整个评估范围的确定在这类资产的评估中就显得更加重要。

3. 实物类不良资产

所谓实物类不良资产指的是以物抵债类资产，这种资产指的是借款人无力偿还贷款，由法院判定或双方协商，由债务人将其具有处分权的财产转让给债权人，用来抵偿其全部或部分债务。实物资产一般包括房地产、机械设备、商品物资等实物形态的资产，但这种不良资产的价值是由评估机构或者双方协商来定价的，往往存在高估的情况，因此，在不良资产处置的时候往往会要求接受重新评估。而且这种不良资产存在权属不明确、形态不完整、基础资料缺乏等特点，使得整个处置过程难度较大。

上述的分类方法主要是从贷款方的角度出发，即向借款方提供资金的银行等金融机构。实际上，不良资产最初很多都是以债权类资产的形式存在，因为只有债权债务关系是强制性的，所产生的利息才是企业必须支付的。只有当正常的债权债务关系无法维系的时候，不良资产才会转化为其他形式的资产，比如通过置换抵押物、债转股、资产形成的实物资产和股权投资等等。

（二）资产评估视角

另一种权益形态维度的分类方法来源于资产评估视角，从这一视角看，资产大类通常被划分为不动产、动产、无形资产和其他经济权益。①参照这种分类方法，不良资产也可以依次分为不动产类不良资产、动产类不良资产、无形资产类不良资产和其他经济权益类不良资产（图1-3）。需要读者注意的是，该分类方法主要从处于困境的企业视角出发。

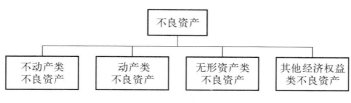

图1-3 不良资产权益形态分类（资产评估视角）

1. 不动产类不良资产

从不动产本身的定义来看，不动产类不良资产是指依自然性质或者法律的规定在空间上占有固定位置，移动后会影响其经济价值的物，包括土地、土地定着物、与土地尚未脱离的土地生成物、因自然或者人力添附于土地并且不能分离的其他物。针对不动产不良资产来说，主要是很多危困企业前期盲目扩张，导致资金链断裂，无法清偿到期债务，进而宣布破产，这期间产生未办理完毕的自有土地审批；这些无证土地无法给予审批解决合理性，就属于违章建筑，法院就无法处置结转，这就会形成不良资产。还有的破产企业甚至租赁村集体土地，在租赁的土地上建设房产，房产登记也无法正常审批，加上破产企业运营的不规范，以及市场监管的不到位，导致该类破产企业资产处置难，从而形成大量的不良资产。

---

① 《中华人民共和国资产评估法》第二条提到"本法所称资产评估（以下称评估），是指评估机构及其评估专业人员根据委托对不动产、动产、无形资产、企业价值、资产损失或者其他经济权益进行评定、估算，并出具评估报告的专业服务行为"。

2. 动产类不良资产

从动产的定义来看，动产类不良资产是指能脱离原有位置而存在的资产，如各种流动资产、各项长期投资和除不动产以外的各项固定资产。债务企业中的原材料、成品、半成品等等都是不易变现的不良资产。危困企业债务清偿中本身就存在着破产财产如何最大化价值变现与长期无法处置导致贬值，甚至于灭失的矛盾，一些原材料、半成品因未制成成品，其价值就会大打折扣，有的只能作为破铜烂铁处理。而且，这些半成品通常的价值都比成品要低得多，只能低价处理，但这样就会导致破产清偿率下降。此外，有些原材料、半成品因为其属性，堆积更会导致其生锈进而贬值更甚，对这些材料的保存又要仓储费用，对这些原材料或者半成品的处理很多只能采取切割处理。此种处理方法直接导致其巨大的贬值，尤其废铁处理还需要巨大的搬运成本，这些动产处置起来相当困难。

3. 无形资产类不良资产

除了不动产类、动产类之外，还有无形资产类，这是指没有实物形态的、可辨认的非货币性资产。无形资产包括专利权、商标权等，也存在相当多的不良资产。很多无形资产也不易变现，比如生产许可证就存在有效期的问题，如果不及时处理，会导致其价值的完全灭失。还有破产企业的商标问题，商标会因为破产而贬值，不过，值得庆幸的是，专利权会因为有市场需求而有其存在的价值。

4. 其他经济权益类不良资产

除不动产类、动产类和无形资产类不良资产之外，处于困境企业所持有的其他能产生现金收益或者具有变现价值的资产都可以归到此类。例如金融有价证券、对其他企业的投资或债权等。

综上所述，按权益形态对不良资产进行划分主要可以从两个视角来看：第一个是通用视角，分为债权类、股权类、实物类，并且彼此之间是相互关联的，实物类和股权类通常作为债权类的抵押或质押物，同时，一些不良资产的处置手段也会使债权类资产转换为实物类和股权类；第二个是资产评估视角，分为不动产类、动产类、无形资产类和其他经济权益类，这几大分类是从危困企业的角度出发，与企业资产负债表的资产端是息息相关的。

三、按照变现能力分类

一般意义上的资产变现能力指的是资产转化为现金的难易程度，是由交易市场的活跃程度、定价或估值方式的复杂度、交易制度或相关法律规范的完备性等多个客观条件决定的。资产的变现能力也可以解读为资产持有者主观上的变现需求，即持有者根据资产未来所产生的收益和当前的处置价值决定是继续持有还是立即变现。根据处置的迫切性，可将资产分为投资类资产、处置类资产、强制变现类资产和损失类资产。

本书认为其中的处置类资产、强制变现类资产和损失类资产实际上都可以归为处置类，因为此时的资产需要通过债转股、债务重组、资产置换、拍卖、破产清算等不良资产处置方式转换为其他类型的资产，以提高资产的变现能力。因此，本书从主观变现需求角度出发，将不良资产分为处置类和经营类两大类。

资产管理公司通常会通过公开招标或协议收购的方式从金融机构（主要是银行）中获取不良资产，一般来讲，资产价格相对于原始账面价值会有一定折扣。然后，根据每种不良资产的特征（主观和客观因素，例如债务人的状况、抵押品的状况等），可以灵活地采用不同的处置方法来实现债权追偿并获得收入。

（一）处置类不良资产

该类资产由于提升价值较小、质量较差，资产管理公司通常会重组各种资产，以形成适合市场需求的资产组合，通过自主清收、转让等方式完成处置，从而实现处置收益最大化。实务操作中主要具体方式包括以下4种：（1）自主清收，通过非权益转让方式，以司法、和解、重组等方式进行清收；（2）通过公开拍卖一次性转让债权，债权或收益权转让一次性收取转让款；（3）分期收款权益转让，债权或收益权转让分期收取转让款；（4）不良资产收益权转让，资产管理公司按照所持有的不良资产对应的本金、利息和其他约定款项的权利作为流转标的进行转让，转让后的收益权由受让方继承。

（二）经营类不良资产

对于经营类不良资产，由于其具有较大的价值提升空间，资产管理公司通过财务重组、资产重组以及改善公司治理，从而提高资产的长期价值，进而择机退出获得收益。或者通过债转股以及追加投资等手段对资产进行持有经营，可以长期经营获得持久收益，也可以在资产价值得到提升后择机退出从而获得增值收益。

第三节　不良资产的成因

不良资产理论上是由正常的借贷交易失败所导致的，体现了跨时间和跨周期特征。不良资产形成的因素多种多样，包括客观因素和主观因素。从外部环境来看，企业可能由于错判经济形势，在经济繁荣期通过对金融机构的负债快速扩张，而很快就遭遇经济衰退经营困难，导致借款无法归还给金融机构。从内部因素来看，企业因为信息不对称，隐藏某些不利因素，通过金融机构风控而获得贷款，这些贷款很容易最终成为不良资产。另外，也可能由于金融机构受外部力量的制约，在明知企业不符合风控要求下，仍向企业发放贷款，最终形成不良资产。

一、不良资产的信用特征

不良资产本质上是由信用交易出现问题所导致的。在信用交易中，基于双方的信用，一方向另一方借入一笔贷款，约定在未来的某一个时刻归还这笔贷款，并支付一定的贷款使用费用（或者是利息）。因此，这笔交易呈现跨时间和跨空间两个特征。首先，借入贷款是在当下，归还贷款是在未来，属于跨时间交易。其次，归还的金额一般肯定是大于借入的金额，在价格上属于跨空间交易。在现实中，贷款包含信用贷款和有抵押物贷款。对于金融机构来说，看重的是本金的归还，而不是抵押物。因此，广义上这两种贷款都属于信用交易。

信用交易的跨时间和跨空间特征容易产生问题。交易中的资金借入方的信用在交易时间内并不是一成不变的。主观和客观因素都会导致其信用发生变化。在主观因素中，交易一方可能利用信息不对称优势，在借入资金时通过刻意的包装或者隐藏不利因素，使得另一方相信其能在未来按时归还资金。或者资金借出方发现借入方无法按时归还资金时，但受某些外部因素影响，比如为了保就业不让其破产等，会通过非市场化手段给予流动性支持，导致资金借入方不归还贷款。而在客观因素方面，由于经济和金融周期的存在，资金借入方的生产经营活动与整个经济活动存在一定的错位，造成其生产经营活动困难，而不能按时或者足额归还贷款，使得资金借入方的信用受损。无论是主观还是客观因素,都使得信用交易中的一方信用受损,导致这笔交易无法完成。贷款无法按时足额得到偿付,就变成了不良资产。

二、不良资产形成的外因

从外部环境看,经济周期和金融周期的变动推动了金融机构的不良资产的形成。企业的经营活动一般会受到外部经济环境变化的影响,同时,企业的发展离不开金融机构的资金支持,资金被视为企业运行的"血液"。当经济处于上行期,企业可以利用金融机构的资金实行快速扩张;但是当经济处于下行期时,有效需求不足,利用金融机构资金实现的产能提高,却无法有效获得经济价值。叠加借入的资金成本,加深了企业经营困难,可能最终无法归还金融机构的资金,这些借款最终变成不良资产。这里提到的外部经济环境深受经济周期和金融周期影响。经济周期也被称为商业周期,一般是指经济长期发展中所经历的有规律的扩张和收缩,是自发性的周期波动。金融周期指由金融变量扩张与收缩导致的周期性波动。

经济周期和金融周期波动形成商业银行不良贷款。经济活动可以被分解为长期的增长趋势和短期的周期波动。如果只有长期的增长趋势,理论上企业经营正常,产生足够的利润,就可以偿还银行的贷款和利息,不良资产也就不会产生。但是短期的周期波动造成经济活动的上下波动,从而冲击企业的经营行为,影响企业的还款能力。当企业家看到利润增速喜人的时候,愿意借助银行信贷扩大生产,提高利润。但扩大生产往往需要一段时间,既有的生产要素只能满足当前产量。利用银行新的信贷资金,建立更多的生产要素投入生产往往需要一段时间。借贷时点和产品供应时点存在时间差,也就造成了潜在的问题。如果借款时点为经济复苏时段，负债经营扩大生产规模，增量的供给还是能被市场消化，使企业经营正常。但在衰退时段，负债经营扩大生产规模，增量的供给已经不能被市场消化，企业销路出现问题，导致经营现金流出现问题，无法按期偿还银行贷款的可能性增加。从银行角度而言，市场风险增加，流动性下降。为了保证盈利，银行会提高贷款利率，同时减少贷款数量。对于那些现金流已经困难的企业而言，提高贷款利率或者减少贷款数量，无疑会增加企业运营成本甚至彻底断了企业的现金流，致使企业经营更加困难。企业不能按照约定时间还本付息，最终贷款发展成为不良贷款，也就成为资产管理企业眼中的不良资产。

我国历史上几次大的不良资产发生阶段都与经济周期和金融周期变化相关，当然，这都与当时的内外部社会经济环境以及经济发展的阶段性特点密切相关，总体来看，与经济及金融周期性特征规律是一致的。例如，2008年全球金融危机后，有效需求严重不足，企业经营困难，经济增速下滑。国家实施4万亿元投资计划刺激经济增长。宽松的财政政策，通过增加政府需求来提高总需求，消化过剩供给。在积极的货币政策引导下，银行信贷资金大量流入企业，促使企业加大投入生产。由于我国当时还是粗放式的经济增长，过于强调绝对数量的增加，对经济增长质量方面欠考虑，致使后期由于经济过热产生大量烂尾工程。为抑制过热的经济，自2010年1月开始，中国人民银行通过连续提高准备金率和利率来紧缩货币政策，给经济降温。信贷资金急剧收缩后，本来产品销路就有问题的企业现金流更是雪上加霜，无法按时还款付息的概率增加，银行信贷风险增加。不良资产伴随经济结构调整和经济周期下行逐步涌现。

三、不良资产形成的内因

从内部角度来看,有两个理论可以对不良资产成因进行阐释:软预算理论形成了扩张性不良资产,而信息不对称理论造成了"诈骗性"不良资产的诞生。

(一)软预算理论

在分析匈牙利由计划经济向市场经济的改革过程中,匈牙利经济学家雅诺什·科尔奈(János Kornai)于1980年在其著作《短缺经济学》(*Economics of Shortage*)中提出"软预算约束"的概念:"当企业资不抵债时,外部机构通过非市场化手段解决流动性问题,从而避免破产清算。"在软预算约束理论中,必然有预算约束体和支持体。前者往往指企业,即被预算约束的一方;后者指在企业需要突破预算限制时,给予救助或支持的组织,通常为政府或其他部门。

传统上,软预算约束理论主要用来解释计划经济中的政府救济行为。在市场经济中,它不仅解释了政府的救济行为,也阐述了企业盲目扩大生产的行为。在不良资产领域,它被引申为形成扩张性不良资产的主要推手。

任何企业的投资生产都是有预算的,但是有很多因素会推动企业突破预算的限制,最终产生不良资产。例如:民营企业在经济上行时对于市场太乐观,盲目借贷扩大生产,在经济下行时出现供给过剩,面对还贷、生产经营等压力,不得已裁员;或者国营企业虽然在原有的预算约束下形成最大的生产量,但未实现充分就业。考虑到就业问题,政府通过金融机构提供信贷支持,鼓励企业扩大生产,从而招募更多的员工。当企业突破原有预算限制,硬性预算软化,从而实现产量提高,企业员工充分就业。但是如果市场需求并没有改变,那么企业扩大生产,供给产量大于市场需求，销售困难，现金流就会遇到问题，还不上银行的贷款，最终这笔贷款就变成不良资产。综上所述，由于政府或银行对企业资金需求的纵容，造成企业预算软化，从而形成此类不良资产。

（二）信息不对称理论

金融机构是否放贷，是基于对借款人所有相关信息进行评估的结果。但有时借款人会刻意隐瞒一些不利于自己的信息，因为这样可以更容易获得贷款。如果这些贷款后期变成不良贷款是归因于这些隐瞒的信息，那么我们将其称为"诈骗性"不良资产。

在这里，信息不对称是形成"诈骗性"不良资产的主要因素。传统经济模型的重要假设之一便是完全信息，即市场参与主体拥有所有信息。但在现实中，却很难实现。比如在二手车市场，卖家拥有二手车的所有信息，包括任何瑕疵。但买家只能通过观察外观，检查指标等试图获得二手车的所有信息。在卖家刻意隐瞒下，买家很难获得所有信息。这样对于买家来说，信息是不完整的、非对称的。造成信息不对称的原因并不是买家不能获得信息，而是因为获得信息需要成本。如果成本大于取得信息所获的收益，那么市场主体就会放弃拥有这些信息。信息不对称的存在，导致了市场的低效和失灵。信息不对称的以下三种情况均可能产生不良资产。

1. 逆向选择

由于逆向选择的存在，大量劣质企业和个人通过包装，企图蒙骗金融机构获得贷款。而有时候，金融机构无法准确区分优质和劣质企业，只能设置更高的门槛，提高贷款利率来覆盖由于劣质贷款造成的损失。这样使得优质企业无法承受高利率而放弃贷款，而能承受高利率的企业往往是劣质企业。由此，市场上充斥着大量的劣质企业，不良贷款的出现频率也大大增加。

2. 道德风险

在金融市场上，有一些金融机构员工与外部人员勾结，利用职务之便获取个人利益，把资金借给一些不符合风控要求的企业或者个人，这些贷款往往容易成为不良资产，这种情况是要引起高度重视的。

3. 不可验证性

在不良资产行业中，由于银行很多业务信息存在不完整以及无法回溯，导致在出现不良资产后，银行因为举证困难而无法起诉借款人的案例比比皆是。因此，要在贷前做好尽职调查工作，让风险在萌芽阶段得到有效的管控。

本 章 小 结

不良资产是金融体系运行过程的伴生产物，也可以说是金融风险的产出品，历次金融危机的爆发无一不与不良资产紧密相关。从世界范围来看，不良资产是经济金融体系中带有普遍性的问题，防范与化解不良资产成为稳定经济金融体系的重要工作。

对于什么是不良资产这个问题，目前在行业内并没有形成一个严格统一的概念。事实上，不良资产是一个非常宽泛的概念，各类机构在业务开展中出现的无法正常回收、质量低下的资产都可以归为不良资产。我们将不良资产（Non-Performing Assets，简称NPAs）定义为：现实条件下不能给持有人带来预期收益的资产。

不良资产涉及的最大领域是银行体系，因此，一般情形下提及不良资产，主要是指银行体系所产生的不良资产，即不良贷款（Non-Performing Loans，简称NPLs）。此外，与不良资产相关的还有特殊资产（special assets）、另类资产（alternative assets）、困境资产（distressed assets）等近似概念，本章对其进行了辨析。

不良资产的分类方法众多，本章按照主体、权益形态、变现能力等因素，从不同视角进行分类。按照主体，不良资产可分为金融不良资产和非金不良资产；按照权益形态，从通用视角可分为债权类不良资产、股权类不良资产和实物类不良资产，从资产评估视角可分为不动产类不良资产、动产类不良资产、无形资产类不良资产和其他经济权益类不良资产；按照变现能力，可分为处置类不良资产和经营类不良资产。

不良资产的产生本质上可归因于信用交易跨时间和跨空间的特征。具体形成不良资产的原因多种多样，从外部环境看，经济周期和金融周期的波动推动了不良资产形成；从企业内部看，软预算约束理论和信息不对称理论可以较好解释不良资产的形成。

本章重要术语

不良资产　商业银行不良资产　非银金融不良资产　非金不良资产　经济周期　金融周期　软预算约束　信息不对称

复习思考题

1. 不良资产的信用特征是什么？
2. 不良资产形成的外因是什么？
3. 不良资产形成的内因是什么？

第二章

中国不良资产管理行业的特征及定位

20多年来中国不良资产管理行业在防范化解金融风险中发挥了重要作用,已与我国多层次金融体系深度融合,成为我国金融体系中的重要组成部分。

本章对中国不良资产管理行业的特征及功能定位进行分析。为应对20世纪末亚洲金融危机影响、维护我国金融稳定，中国不良资产管理行业借鉴国外相关经验做法而诞生并蓬勃发展，并在发展中不断与我国经济社会及金融体系发展阶段相适应，形成了自身的发展特征与功能定位。

第一节 中国不良资产管理行业的发展特征

在20多年的发展过程中，我国不良资产管理行业形成了鲜明的特征，成为金融体系的重要组成部分与防范化解金融风险的常态化机制安排，不良资产管理行业格局初步成形。

一、中国不良资产管理行业是金融体系的重要组成部分，是防范化解金融风险的常态化机制安排

（一）中国不良资产管理行业发展20余年来，在防范化解金融风险中发挥了重要作用，是金融体系的重要组成部分

在行业建立初期的政策性展业阶段，信达资产、华融资产、东方资产、长城资产四大金融资产管理公司接收国有银行政策性剥离的不

良资产，有效化解了金融风险，使得四大国有商业银行大幅压降了不良贷款余额和不良贷款率，为其后续完成股改、上市打下了基础。四大国有商业银行政策性剥离的不良资产在2006年年底基本处置完毕，这为我国经济快速发展、金融体系改革深入推进创造了良好条件。

在市场化转型阶段，四大金融资产管理公司顺应实体经济和金融市场发展变化，从政策性业务向商业化业务转型，并通过托管、重组等方式对问题金融机构进行处置。这一阶段，我国不良资产管理行业的处置手段逐步多元化，到了中后期不良贷款余额和不良贷款率基本保持稳定，为我国科学合理应对2008年亚洲金融危机、实现经济发展逐步软着陆提供了有力支撑。

在2013年以来的全面市场化阶段，随着区域性金融风险逐渐暴露，不良贷款余额与不良贷款率双升，地方资产管理公司顺应时势登上历史舞台，防范化解区域金融风险、服务区域经济发展；四大金融资产管理公司也逐步实现全面商业化经营，进一步实现体制机制市场化、业务范围多元化；同时，不良资产行业监管体系不断完善，行业参与者大幅增加，大幅提升了防范化解金融风险的能力。2017年至2022年，我国银行业累计处置不良资产超14万亿元，超过此前历年处置额总和，为守住不发生系统性风险的底线提供了重要保障。

由此可见，20多年来中国不良资产管理行业在防范化解金融风险中发挥了重要作用，已与我国多层次金融体系深度融合，成为我国金融体系中的重要组成部分。

（二）中国不良资产管理行业虽然借鉴了国外相关经验做法，但与国外应急性、临时性的安排不同，是防范化解风险的常态化机制安排

中国不良资产管理行业是中国转轨经济的特殊产物，也是多种复杂因素交织与整合的结果，在不断探索中发展出了符合中国国情特色

的路径，而诸多经济因素和变量的共同影响正是中国与国外的资产管理行业具有不同发展路径的原因。

一是我国不良资产管理行业综合了金融风险的常态化防范与针对性化解两种手段，兼顾事前风险预防与事中事后风险处置。美国的不良资产处置机构——重组信托公司（Resolution Trust Corporation，简称RTC）是政府主导的机构，其设立只是为了处理20世纪80年代储贷危机所导致的特定金融风险，并没有长期持续经营、防范后续金融风险的意图，美国政府在金融风险处置后对RTC进行了拆解分流。而我国不良资产管理行业在金融体系中属于设立专业化风险处置的机构，保持常态化运行，在风险暴露前期积极做好预防工作，在风险暴露后介入化解风险，从机制上防止了不良资产的循环与累积，是金融业重要且必要的稳定器与安全网。

二是我国不良资产管理行业综合了防范化解金融风险与服务实体经济发展的功能，持续为经济高质量发展提供支撑。不良资产管理行业源于金融风险化解的需求，但是其功能并不局限于此。金融是实体经济的血脉，为实体经济服务是金融的天职，是金融的宗旨，也是防范金融风险的根本举措。我国不良资产管理行业在防范化解金融风险的基础上，聚合优势产业资源、重整经营有望企业，盘活存量低效资产、实现资产内在价值，持续推动经济高质量发展，常态化发挥防范化解金融风险、服务实体经济发展的功能。

三是我国不良资产管理行业综合了社会效益与经济效益，在自身持续经营的基础上常态化服务政策落地。行业发展立足于国家金融安全战略，与我国的实际情况和经济发展阶段相适应。由政策性展业阶段发展至全面市场化阶段后，除自主市场化经营获取经济效益外，以国有企业为主的资产管理公司也会根据不同阶段的政策导向，承担不同类型的政治性功能,实现社会效益。例如,2022年监管部门出台多项政策,明确鼓励资产管理公司发挥在不良资产处置、风险管理等方面的经验和能力,参与房地产行业、中小金融机构等领域的纾困与改革化险,为实现经济金融稳定的政策目标创造良好条件。我国宏观调控政策的连续性、稳定性、可持续性成为不良资产管理行业常态化存在的重要基础。

二、中国不良资产管理行业格局初步成形

近年来,我国不良资产管理行业的市场规模持续扩大、参与主体分工清晰且数量陆续增加、行业运行规则逐渐完善,不良资产管理行业格局初步成型。

(一)市场规模持续扩大

2022年第三季度末,我国商业银行不良贷款余额已达3.0万亿元,较上季度末增加373亿元;商业银行不良贷款率为1.66%,较上季度末下降0.01个百分点,如图2-1所示。整体来看,近年来商业银行不良贷款率缓慢下降,而不良贷款余额仍保持着持续上升趋势。除传统银行不

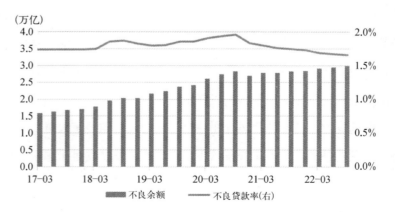

图2-1 商业银行不良贷款情况

数据来源:原银保监会。

良资产外，以信托不良、违约债券、小贷不良、破产重整项目为代表的非银金融、非金等不良资产市场增长较快，多样化特征显著，表现出较好的市场空间。随着地方政府债务风险、房地产市场风险、部分中小银行风险进一步暴露，预计不良资产的体量会不断增多。从市场容量来看，可以预见中国不良资产市场容量巨大，市场空间非常广阔。

（二）市场参与主体分工清晰且数量陆续增加

中国不良资产行业巨大的存量市场以及广阔的前景吸引了越来越多的市场参与者，并在发展过程中不断深化专业分工，目前已形成不良资产投资商（核心管理者）与不良资产服务商（辅助管理者）两大类主体。其中，不良资产投资商格局可以概括为中央系+地方系+银行系+外资系+N。中央系即五大金融资产管理公司（又称"五大AMC"）；地方系指地方资产管理公司（简称"地方AMC"）；银行系指银行所属的金融资产投资公司（简称AIC）；外资系和N分别指外资和民营资产管理公司。不良资产服务商包括处置服务商、专业服务商、交易服务商、综合服务商等，分别提供处置服务、法律评估等专业服务、交易平台服务、多元化综合服务等。由不良资产投资商、不良资产服务商等构成的多层次市场格局已逐渐成形，具有较为稳定的市场生态圈和产业链。

近年来，市场参与者不断增加，不良资产行业竞争激烈程度也不断加剧。一是金融资产管理公司加速回归主业。自2019年12月原银保监会再次提出引导资产管理公司回归本源以来，监管持续趋严，四大金融资产管理公司陆续剥离非主业业务，聚焦不良主业。2021年第五家金融资产管理公司——银河资产正式开业，同时，华融资产战略重组，这将给市场其他竞争者带来不小的竞争压力。二是地方资产管理公司快速发展。2021年2月，吉林省新设的地方资产管理公司——吉林省盛融资产管理有限责任公司正式获原银保监会批复，存续地方资产管理公司数量增加至59家。地方资产管理公司经过近十年的发展,逐步形成了自身的经营模式,成为一支重要的市场力量,并在属地区域性经济发展情况各异的背景下,形成了具有各自特点的差异化业务路径。自2019年起,原银保监会加大监管强度,强调地方资产管理公司的区域属性,强化属地管理。此后地方资产管理公司行业监管框架加速成型,行业规则逐步完善,行业发展也进一步走上有序竞争道路。三是民营及外资竞争加剧,挑战提升。民营以及外资机构已经成为我国不良资产市场中非常重要的组成部分,对于不良资产的最终处置具有非常重要的作用。这些机构由于没有资产管理公司资质,大都在二级市场参与不良资产收购处置,更加需要依靠自身的能力来开展不良资产收购处置。值得注意的是,伴随着新冠肺炎疫情影响、经济下行以及行业竞争日趋激烈,民营及外资机构面临着较大的挑战与风险。如国际资产管理机构龙星基金(Lone Star Funds)宣布退出中国不良市场,主要原因是回报率不达预期,投资项目本金仍未能收回。这表明市场竞争逐渐激烈,各路参与者要加强能力建设以确保自身行稳致远。随着监管逐步到位,行业竞争者数量增长、多元化程度提升,行业从野蛮生长走向有序经营,是否具备真正的竞争性优势成为能否在不良资产行业激烈竞争中脱颖而出的重要条件。

(三)市场规则逐渐完备

从监管规则层面来看,经过20多年的发展,中国不良资产管理行业的监管架构逐渐成形,具有明确的监管机构,初步建立了监管体系,后续章节对此会有详细介绍。从市场运行层面来看,不良资产的一二级市场已经建立,一级市场服务于持牌业务,只有持牌机构才能从金融机构批量收购不良资产;二级市场服务于市场化交易,无需牌照即可开展不良资产收购处置。总体而言,各类行业机构根据市场交易规则开展各项不良资产收购处置活动。从交易手段层面来看,通过制度安排形成了具有公信力的多个交易平台，各类交易平台不断培育完善，各类行业主体也从市场化角度出发开展自发性的直接交易行为。总之，逐渐完备的市场规则为不良资产管理行业持续发展奠定了较好的基础。

综上所述，从市场规模、参与主体、市场规则等角度来看，中国不良资产管理行业经过20多年的发展已经具备了一个行业发展成型所需要的基本要素。在过往的发展过程中，由于政策以及市场的因素，不良资产管理行业在某种程度上只是一个应急性、阶段性的产物；而目前行业的基本成型，对于行业后续的可持续稳健发展具有非常重要的意义，意味着不良资产管理行业成为整个经济金融体系中的一个常态化组成部分，也成为不可或缺的重要环节，这对于开展理论研究工作和实务工作都具有重要的基础性支撑作用。

第二节　中国不良资产管理行业的功能定位

本节从宏观和微观两个层面，对中国不良资产管理行业的功能定位进行阐述。其宏观功能定位包括防范化解金融风险和服务实体经济发展两个方面，微观功能定位则可以从金融机构、实体企业、投资商与服务商三个视角进行分析。

一、宏观功能定位

中国不良资产管理行业以资产管理公司为主要力量，经过20多年的发展，坚持"防范化解金融风险，服务实体经济发展"的行业宏观功能定位，围绕政府、金融机构、实体企业开展各项工作，充分发挥金融稳定器与安全网的战略作用。

（一）防范化解金融风险

不良资产管理行业防范化解金融风险的功能定位，源于不良资产生成与经济周期的紧密关系。从经济周期的角度看，经济主体的行为有顺周期性和逆周期性之分：顺周期性是指金融部门与实体部门之间动态的正向反馈机制，这种机制会放大经济周期的波动，并导致或加剧金融部门的不稳定性；逆周期性则是指经济行为与经济波动呈负反馈关系，它可以减少经济周期波动的程度。

在金融体系顺周期性的作用下，外部冲击会经由金融市场向实体经济传导，影响整个经济体系，并通过经济体系与金融体系之间的互相影响，放大外部冲击。在经济景气时期，信贷投放环境良好，资产价格上涨推动抵押品价值上涨，提高了企业向银行的举债能力，银行对投资项目、借款人偿债能力、收取利息以及其他收入补偿也表现得非常乐观，进而放宽信贷审批，加大放贷数量，引起信贷市场流动性过剩。在这种情况下，银行一方面促进了经济继续繁荣，另一方面也埋下了部分贷款到期无法偿还的潜在信用风险。当外部冲击导致经济下滑时，逆向选择和道德风险使得贷款违约率增加，同时，抵押资产价格下跌，信用风险增大，银行的不良资产上升，资产负债情况恶化，监管的资本充足率要求迫使银行增加资本金或减少贷款。而在外部经济环境不利、内部资产负债表恶化的背景下，银行资本金的增加也变得较为困难，再加上流动性的压力，银行只能选择减少贷款发放。因此，银行在经济下行周期往往表现为"惜贷"。银行的信贷收缩导致信贷市场流动性不足，利率上升，企业资金紧张，甚至连部分风险相对较低、收益较高的优质项目也难以获得银行信贷支持，通过资产负债表渠道导致经济进一步下滑，即所谓的"滚雪球效应"，风险循环如图2–2所示。

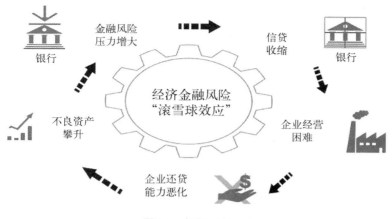

图 2-2　银行风险循环

金融体系与实体经济的周期的运行趋势相同，当经济进入下行周期时，金融体系的风险极易集中暴露，从而引发系统性金融风险，进而导致经济危机。而及时、有效地处置不良资产可以防止金融系统的风险集中暴露，维护市场对于金融体系安全的信心，从而预防经济危机的产生。在此背景下，不良资产管理行业防范化解金融风险的功能定位是金融体系与实体经济之间持续的、动态的相互作用的结果，体现了不良资产管理行业的逆周期性。通过对不良资产的处置，将金融体系的风险置于可控的波动范围内，从而平抑实体经济及金融体系因周期产生的波动，使资产管理公司发挥金融安全网和稳定器的功能，从而维护经济的安全和稳定。

具体而言，上文所述当外来冲击导致经济下滑时，往往呈现了实体企业日常经营困难、金融机构化解风险压力增大的态势，在商业银行所发放的贷款中，不良资产数量逐渐上升，此时，如图2-3所示，资产管理公司从银行等金融机构中收购不良资产，可以有效降低银行和金融体系的经营压力，减少经济发展中的不稳定因素，同时也为经济转型发展提供了动力保证，形成一个正向的循环效应。如图2-3所示，银行金融风险压力减弱，重新恢复信贷供给，企业经营转好，进而还款能力增强，不良资产增长的趋势放缓，经济进入一个良性增长循环。在此过程中，资产管理公司充分发挥熨平经济周期波动的安全网和稳定器的重要作用，通过"化危机，盘存量，促转型，引发展"来促进金融稳定，推动经济转型升级，为经济走向复苏提供保障。

图2-3　资产管理公司功能作用

（二）服务实体经济发展

不良资产管理行业服务实体经济发展的功能定位，源于其聚合优势产业资源、重整经营有望企业、盘活存量低效资产、实现资产内在价值的能力。事实上，前文对于不良资产管理行业防范化解金融风险功能定位的阐述，隐含了服务实体经济发展的部分功能。资产管理公司除了推动风险资产出清以外，还积极利用所掌握的资金与产业资源，对仍有内在价值的企业、资产进行重整、盘活，充分实现其价值，从而服务实体经济发展。

具体而言，不良资产往往是资源配置不合理的资产，这部分资产本身可以发挥更大的效能作用，但只是因为效率低下的社会资源组合方式，使其无法发挥应有的效能。而资产管理公司根据各级政府的发展方针及产业导向综合运用各种处置模式对配置不当的资产进行再分配、再组合，使其焕发活力，继续为实体经济贡献力量，从而提高社会整体资源运用的效率。因此，对于资源错配或利用效率较低、企业经营不善但资产具有价值提升空间的情况，资产管理公司在化解风险的基础上积极优化资源配置，整合已有资源、引入外部资源，盘活存量资产、提高资源利用率，从而优化产业链布局，推动产业转型升级和经济结构调整，起到优化经济循环路径的作用。

此外，在经济下行的过程中，因为信贷体系的"惜贷"行为以及经济环境对企业经营活动的冲击，相当一部分质地良好的企业同样会面临清偿性、流动性风险。此时，资产管理公司践行自身"服务实体经济"的功能定位，对实体企业进行债务重组及提供流动性支持，助力企业"轻装上阵"，化解大量无计划追索对实体企业所造成的冲击，协助政府为实体经济解围。

在"新常态"下，中国经济进入"三期叠加"阶段，在经济结构调整过程中需要不断优化产业结构，化解过剩及落后产能，这会使得一些企业面临转型升级的需求。资产管理公司在实现自身稳健发展的同时，通过盘活存量不良资产，促进企业转型升级，为"新常态"下经济高质量发展发挥积极的作用，从而体现出其应有的社会价值。

二、微观功能定位

我国不良资产管理行业的微观功能定位从各类微观主体出发，在微观主体具体运行中实现其功能。下面从金融机构、实体企业、投资商与服务商三个视角进行阐述。

（一）金融机构视角：处置不良资产，降低经营风险

从金融机构视角来看，我国不良资产管理行业的微观功能定位在于处置不良资产，降低金融机构经营风险。

一方面，金融机构通过清收、核销、重组等方式，自主处置不良资产，最大限度保全资产价值，并以经营产生的利润消化不良资产处置过程中造成的损失，用发展的办法解决发展中的问题，逐步压降存量资产风险。这一类处置途径对金融机构自身的经营情况、不良资产管理能力有较高要求。近年来，较多银行加强资产保全机构与队伍建设，实施多清收、多核销、多重组、审慎批转的处置策略，这也是增强自主处置能力、推动高质量发展的体现。

另一方面，金融机构通过不良资产转让等方式，将不良资产剥离至资产负债表外，直接压降存量不良资产，从而快速降低经营风险、满足监管要求。这一类处置途径往往会导致金融机构潜在收益受到侵蚀，如银行一般以打折方式对外转让不良资产，同时损失了未来可能因资产价格上升而获得的收益，但对不良资产进行了快速处置，及时压降风险，实现了"以时间换空间"的效果。

无论上述哪一类方式，均体现了金融机构对于不良资产的处置化解，进而降低经营风险，为实现长期可持续发展创造良好条件。

（二）实体企业视角：出清无效资产、盘活低效资产，优化资源配置

从实体企业视角来看，我国不良资产管理行业的微观功能定位在于出清无效资产、盘活低效资产，优化实体企业资源配置。

一方面，对于救助无望的"僵尸企业"[①]、价值提升空间较低的企业及相关资产等经济运行堵点及时进行清理，以加快资产处置为目标，

---

① "僵尸企业"是指已停产半停产、连年亏损、资不抵债，靠政府补贴和银行续贷维持经营的企业，主要集中在一些产能过剩的行业。

推动问题企业破产清算、辅业剥离，快速完成风险出清，将有限的资源及时从效能低下的"僵尸企业"及资产中释放出来。

另一方面，对于基本面向好但暂时陷入危机的企业，在保证符合法律规范和商业逻辑的前提下及时输血，有针对性地设计纾困方案、救助方案，通过自主帮扶、引入社会资源等方式为其提供各类支持，减轻企业的债务负担，保障企业顺利渡过难关，并推动企业加速转换经营机制、完善治理结构、增强企业竞争力，实现更有效率的经营，从而优化资源配置。

（三）投资商与服务商视角：经营管理资产，获取投资与服务收益

从投资商与服务商视角来看，我国不良资产管理行业的微观功能定位在于经营管理不良资产，使得投资商获取合理的投资收益、服务商获取合理的服务收益。

投资商方面，从四大金融资产管理公司初始临时性接收金融机构不良资产，到如今地方资产管理公司、金融资产投资公司等各类主体涌现，不良资产投资商以常态化、市场化的经营机制，积极主动地进行存量资产盘活和资源再配置，通过法律诉讼、资产重组、债务重组、债转股、基金投资、资产证券化等多种方式对不良资产进行经营与管理。作为不良资产的核心管理者，不良资产投资商有效提高了不良资产的流动性、处置效率，充分实现了资产的内在价值，并从中获取了可观的投资收益。

服务商方面，以民营资产管理机构为主的处置服务商，以律师事务所、资产评估机构、会计师事务所等为主的专业服务商，以交易平台为主的交易服务商，以及综合前述几类的综合服务商，通过发挥各自领域的资源与能力优势，以轻资产的方式参与我国不良资产行业运行。作为不良资产的辅助管理者，这些服务商为核心管理者提供各类服务，并获取相应合理的服务收益。从间接角度看，这些服务商其实

通过专业化能力促进了不良资产的处置，并且成为整个不良资产管理行业不可或缺的一部分。

后续随着我国经济发展进入"新常态"，一些区域及行业在过去经济高速发展过程中积聚的隐性风险将逐步显现出来；在经济结构调整中，化解过剩及落后产能也使得一些行业和地区将产生大量的不良资产。不良资产投资商与服务商要通过更加多元化的手段对资产进行经营管理，盘活存量不良资产，化解潜在金融风险，为"新常态"下经济转型升级发挥积极的作用，从而体现出其应有的社会价值，并获取合理的经济价值。

本 章 小 结

我国不良资产管理行业在过去20多年的发展过程中，形成了鲜明的特征，成为金融体系的重要组成部分与防化金融风险的常态化机制安排。中国不良资产管理行业坚持"防范化解金融风险，服务实体经济发展"的行业宏观功能定位。通过"化危机，盘存量，促转型，引发展"来促进金融稳定，推动经济转型升级，为经济走向复苏提供保障，充分发挥金融稳定器与安全网的战略作用。近年来，我国不良资产管理行业的市场规模持续扩大，参与主体分工清晰且数量陆续增加，行业运行规则逐渐完善，我国不良资产管理行业市场格局初步成型，并蓬勃发展。

本章重要术语

顺周期性　逆周期性　风险循环的"滚雪球效应"　僵尸企业

复习思考题

1. 中国不良资产管理行业的市场参与主体有哪些？
2. 中国不良资产管理行业的发展特征有哪些？
3. 中国不良资产管理行业的宏观功能定位是什么？

第三章

不良资产管理行业发展简史

中国不良资产管理行业的历史是一部防范化解金融风险、服务实体经济发展的历史，分析这段历史需要放在中国金融体系改革与发展的大背景下进行。

本章在简要介绍国内外不良资产管理行业发展总体情况的基础上，重点介绍中国不良资产管理行业发展简史。我国不良资产管理行业发展可分为三个阶段：政策性展业阶段（1999—2006年）、市场化转型阶段（2007—2012年）和全面市场化阶段（2013年至今）。各个阶段都有其明显的发展特征，在我国不良资产行业发展历史上留下了浓墨重彩的一笔。

第一节　国内外不良资产管理行业发展总体情况

本节以美国、韩国、爱尔兰为例，主要介绍国外不良资产管理行业发展的总体情况，并简述在借鉴国外经验基础上形成中国特色的不良资产管理行业发展总体情况，并引出后文对我国不良资产管理行业几个发展阶段的详细阐述。

一、国外不良资产管理行业发展总体情况

国际上不良资产的处置可以追溯到20世纪80年代的美国储贷危机。美国为应对危机专门成立了重组信托公司，通过市场化手段以及许多创新方式处置不良资产。到了20世纪90年代，亚洲金融危机爆发，

韩国成立韩国资产管理公社（Korea Asset Management Corporation，简称KAMCO）专门处置不良资产，并且创立了电子平台促进交易。2008年，起源于美国的次贷危机波及远在欧洲的爱尔兰，为了拯救深陷困境的银行业，爱尔兰政府通过建立国家资产管理局（National Asset Management Agency，简称NAMA）的方式处置从银行剥离出的不良资产。本节将对这三个国家处置不良资产的方式进行简单概述。

（一）美国不良资产处置

1930年，由于经济倒退导致大量银行破产，美国设立了存款保险制度，以此保障美国公众的存款安全，而这一制度在80年代初中期却成了储贷危机的导火索。20世纪80年代初期，美国利率管制法案取消，该法案的取消促进了美国利率的市场化，而与利率市场化产生矛盾的正是之前1930年设立的存款保险制度。存款保险制度导致美国储贷机构的大部分长期贷款（尤其是住房贷款）为固定利率，而市场化后的利率不断波动上升，导致储贷机构的短期筹资成本过高，存贷款间的期限错配问题加剧，再加上储贷机构之间存在的恶性竞争、监管机构的监管能力不足等问题，最终储贷机构大量倒闭。美国政府对此也作出了较快的反应：美国联邦储蓄信贷保险公司（Federal Savings and Loan Insurance Corporation，简称FSLIC）以市场化的方式对倒闭的储贷机构进行并购。但是随着储贷机构倒闭的数量持续增加，FSLIC最终也无力支撑，宣布破产，美国的储贷危机正式拉开序幕。

为有效解决储贷机构大量倒闭所引起的储贷危机，美国政府通过多方面手段进行应对。1982年，美国实施了《存款机构法》（Garn-St Germain Depository Institutions Act of 1982），联邦存款保险公司（Federal Deposit Insurance Corporation，简称FDIC）处置不良资产的权力由只能对已破产或濒临破产的银行提供救济和援助扩大至对开始陷入困境的不良债权、对无法支付存款风险的银行进行援助。此外，为了应对这场危机，美国联邦储备系统在1989年开始实施宽松货币政策，几乎将名义利率调至最低下限。

同年，美国设立了《金融机构改革、复苏和实施法案》，该法案赋予了FDIC经营与管理联邦重组基金的职责。FDIC通过基金重组之前破产的FSLIC的资产，新设立了重组信托公司应对储贷危机。RTC的责任是在最大程度减少政府损失的前提下，有效管理和处置倒闭的储贷机构以及其他风险金融机构。为了保证RTC的良好运行，该法案对RTC提供了资金与特权的支持。首先，美国政府从预算中拨出500亿美元注入RTC，为RTC市场化收购不良资产提供了强有力的资金支持。其次，特别法授予RTC处置所有倒闭储贷机构资产的权力，同时，RTC也可以接管其他有重大潜在风险的金融机构。

RTC于1989年8月成立，主要运作方式包括公开拍卖、不良资产证券化以及与第三方合作处置三种模式。截至1995年12月RTC解散，在这7年时间里RTC成功接管了约2,000家存在重大潜在风险的金融机构，重组了747家储贷机构，处置破产储贷机构的不良资产账面价值接近4,600亿美元，并实现了85%以上的平均回收率，较好地完成了特别法赋予其的责任与使命，有效阻止储贷危机进一步加剧，在帮助美国经济复苏并逐渐走强的过程中作出了应有贡献。

（二）韩国不良资产处置

20世纪90年代，韩国经济蓬勃发展，保持着每年超过7%的实际GDP增长率，在当时被称为"亚洲四小龙"之一。随着韩国国际化的程度不断提升，金融市场的自由度也逐渐加大，但监管经验与市场基础并没有与之相匹配。一方面，当时韩国的信贷环境十分宽松，拥有政府背书的企业大举借债，导致企业负债率普遍偏高，市场对于信用的依赖程度极高。另一方面，由于韩国国际化经验的缺失，韩国的外汇储备严重不足而外债规模疯狂飙升，其中短期外债占比最高，为日后韩国的金融危机爆发埋下伏笔。

随着1997年起始于泰国的金融危机在亚洲开始蔓延，韩国企业经营状况逐渐恶化，韩国股市和房地产价格暴跌，韩元大幅贬值，企业外债偿还压力骤增，导致韩国企业的流动性陷入危机。而过高的负债率导致企业十分依赖流动性，随着流动性的逐渐枯竭，许多韩国企业申请破产，大量债务违约，不断产生的不良资产导致银行资产质量急剧下降。到1998年年底韩国不良贷款总额已达到131万亿韩元，不良贷款率高达35%。韩国政府较早意识到了不良贷款的问题，1998年5月，韩国政府在第六次经济对策调整会议中提出了《韩国经济重建——现在形势和将来计划》，作出了一系列处理不良资产和恢复经济的财政计划，为成业公社①提供融资。1999年4月，韩国修订了《有效处置金融机构不良资产及设立韩国资产管理公社法》，在成业公社的业务中增加了"坏银行"功能，赋予其收购和处置韩国企业在结构调整过程中可能产生的低效资产的职能，提高了整体不良资产的处置效率。

面对爆发的金融危机，韩国政府通过发行债券募资，成立了规模为1.5万亿韩元的不良资产整理基金，并在随后几年里通过多轮增资，将其规模增至21.57万亿韩元。基金的主要任务为从金融机构处购买不良资产、对破产金融机构的参保存款进行存款保险赔付、对资产负债状况较差的金融机构进行注资以及参与收购破产银行的资产。韩国政府将基金委托给成业公社进行管理，成业公社在随后更名为著名的韩国资产管理公社（KAMCO）。KAMCO的最大股东为韩国财政经济部，

---

① 韩国政府依据《金融机构不良资产有效管理及有关韩国资产管理公社的设立法》成立成业公社，处置金融机构不良资产。

持股比例为42.8%，韩国发展银行作为第二大股东持有28.6%的股份，其他银行持有剩余28.6%的股份。KAMCO除了通过债权的拍卖出售和司法拍卖等传统方式外，还采用成立合资公司等方式对不良资产进行处置。

KAMCO在2002年年中基本完成了亚洲经济危机所产生的不良资产处置的任务，此后公司业务有所转型，因此，统计数据截至2002年6月月底。KAMCO以39.4万亿韩元、平均37%的折扣率收购了账面价值约为105.4万亿韩元的不良资产。同时，KAMCO已经处置了总计61.7万亿韩元面值的不良资产，回收价值是28.4万亿韩元，回收率约为46%。这其中又以公开拍卖的方式所处置的规模最大，为8.2万亿韩元；转让给KAMCO与投资者成立的合资企业（JV-CRC）的利润率最高，高达约75%（表3-1）。正是由于KAMCO专业化的企业重整技术、多元化的资产处置手段以及对于国际资金包容性的态度，加速了韩国国内的经济复苏，帮助韩国率先从亚洲金融危机中恢复过来。

表3-1 KAMCO不良资产不同类型处置规模（截至2002年6月月底）

单位：万亿韩元

分类	账面价值	收购价格	回收价值	利润	规模占比	利润率
国际招标	6.1	1.3	1.6	0.3	9.9%	23.1%
发行ABS	8.0	4.2	4.1	−0.1	13.0%	−2.4%
转让给AMC	2.6	0.7	0.9	0.2	4.2%	28.6%
转让给CRC	1.8	0.4	0.7	0.3	2.9%	75.0%
个人贷款转让	2.0	0.5	0.6	0.1	3.2%	20.0%
公开拍卖（含司法拍卖）	8.2	2.5	3.1	0.6	13.3%	24.0%

数据来源：KAMCO官网，浙商资产研究院整理。

(三)爱尔兰不良资产处置

2008年始于美国的次贷危机爆发后席卷全球,欧洲各国也被卷入其中。失业率增高、大量企业破产、银行业坏账率升高最终导致欧洲整体经济衰退,并引发了一系列的社会与政治事件。其中,爱尔兰也因为这场全球金融危机导致房地产市场泡沫破裂,当地五大银行受此牵连濒临破产,银行业整体由于极高的不良贷款而陷入危机。此后,爱尔兰政府宣称救助五大银行最多需要500亿欧元,政府赤字将占GDP总值的32%。此消息宣布后,爱尔兰国债利率飙升,标志着爱尔兰主权债务危机拉开了序幕。

为应对主权债务危机和房地产泡沫,2009年11月,爱尔兰政府颁布了《国家资产管理局法案》(National Asset Management Agency Act)(简称"法案"),并于同年12月成立了欧洲第一家"坏账银行"(Bad Bank)——国家资产管理局以处置从银行端剥离出的不良资产,再通过向欧盟与国际货币基金组织(International Monetary Fund,简称IMF)求助,获得外部救助资金来为金融市场提供流动性。

法案规定了NAMA的各项权力和职能,其经营范围包括贷款、借款或通过但不限于发债的方式筹资、担保、享有已收购公司利息或红利、成立合伙或联营企业、建立信托、投资、出售与处置不动产或投资等11项内容。同时,法案还赋予了NAMA税费减免等一系列优惠政策。

NAMA的主要职责是作为"坏账银行",管理和处置从五大银行处收购的不良贷款(主要是房地产开发贷款)。NAMA总计从爱尔兰五家机构以318亿欧元、平均57%的折扣率收购了账面价值为740亿欧元的不良资产(表3-2)。

在收购的不良资产中,债权数量超过12,000笔,相关的抵押资产超过60,000笔,涉及约800名债务人。其中大部分债务人的债务在4,900万欧元以下，债务超过20亿欧元的债务人有3名。由于不良贷款大部分为房地产开发贷款，因此，债务人平均的债务规模高达1亿欧元（表3-3）。

表3-2　NAMA债权收购

统计单位：十亿欧元

项目	爱尔兰联合银行	盎格鲁爱尔兰银行	爱尔兰银行	EBS银行	爱尔兰全国建筑协会	总计
收购债权规模	20.4	34.1	9.9	0.9	8.7	74
对价	9	13.4	5.6	0.4	3.4	31.8
折扣率	56%	61%	43%	57%	61%	57%

数据来源：NAMA官网，浙商资产研究院整理。

表3-3　NAMA收购债权本金分布统计

名义债务	债务人关系数量	平均名义债务规模	总计名义债务规模
超过20亿欧元	3	27.6	82.8
10亿—20亿欧元	9	15.5	139.5
5亿—9.99亿欧元	17	6.7	114.5
2.5亿—4.99亿欧元	34	3.5	118.0
1亿—2.49亿欧元	82	1.5	125.0
0.5亿—0.99亿欧元	99	0.7	67.5
0.2亿—0.49亿欧元	226	0.3	71.8
少于0.2亿欧元	302	0.1	21.2
总计	772	1.0	740.2

数据来源：NAMA官网，浙商资产研究院整理。

从不良资产处置端来看，NAMA对于不良债权一般采取本息清收、债务和解及直接出售的处置方式,对于物权资产则采用直接出售以及运营管理的处置方式。此外,NAMA还提供卖方融资等服务。而在自行处置以外,NAMA还与私有资本合作成立特殊目的载体(Special Purpose Vehicle,简称SPV),利用私有资本和处置管理能力来共同处置不良贷款。

在为市场提供流动性方面,爱尔兰与美国不同,在危机发生、国债利率不断飙升后,自身已没有足够多的资金可以为市场注入流动性。因此,在2010年,爱尔兰向国际基金货币组织和欧盟求助,IMF和欧盟迅速通过了爱尔兰的救援方案,其中IMF与欧盟向爱尔兰提供援助资金627亿欧元,丹麦、瑞典和英国提供48亿欧元贷款,爱尔兰总共获得了675亿欧元的外部援助资金。救助资金一部分用于给银行业注入流动性,加速处置不良资产,另一部分用于爱尔兰政府的财政需求。

2017年10月,NAMA成功完成了成立之初的核心目标——有效处置爱尔兰300亿欧元的不良资产(或有负债),在爱尔兰银行业、房地产业和整体经济复苏过程中作出了卓越贡献。

(四)国外经验总结

以上三个国家的案例分别代表美洲、亚洲和欧洲在20世纪80年代、90年代末和21世纪初三个时间段,对于不同起因、不同影响的经济危机所导致的不良资产的处置模式。美国的RTC可谓是组合资产包进行不良资产出售的开山鼻祖,通过对具有相同特征的不良资产进行组合和出售,大幅提高处置效率,并证明了不良资产可以进行证券化处置。韩国的KAMCO除开发电子交易平台、有效结合信息化手段来提高资产处置效率以外,也为后来者指引了一条引入国际资金加速处置不良资产的明路。爱尔兰的NAMA除借助欧盟国家的帮助外,通过成立专门小组对债务人的财务情况以及未来商业计划进行审核评估,对于债权的重组以及与债务人和解拥有十分专业的手段。除此以外，这三个国家还有许多共同点。首先，三者都通过不同的方式提供了配套资金支持，一方面是通过政府发债、借贷，另一方面通过成立合资公司撬动私人资本，为市场提供流动性，加大处置规模，提高处置效率。其次，三者政府都提供了及时有效的政策法规支持，无论是美国的《金融机构改革、复苏和实施法案》、韩国的《有效处置金融机构不良资产及设立韩国资产管理公社法》，还是爱尔兰的《国家资产管理局法案》，都对"坏银行"或资产管理公司提供了全方位的有力支持。最后，三者都选择了及时成立或者赋能相关的不良资产处置主体（RTC、KAMCO和NAMA），尽早将不良资产剥离处置，有效防范金融风险进一步扩大。虽然美国、韩国和爱尔兰提供资金、配套立法和设立主体的具体操作因各国的体制、民情和经济受损程度不同而导致细节各有不同，但都是值得学习借鉴的优秀方法。

二、中国不良资产管理行业发展总体情况

中国不良资产管理行业的历史是一部防范化解金融风险、服务实体经济发展的历史，分析这段历史需要放在中国金融体系改革与发展的大背景下进行。20世纪八九十年代，全球部分国家经历了严重的银行业危机，各国政府纷纷采取政策措施进行应对，通过设立金融资产管理公司等专业机构，对银行业不良资产进行集中收购处置，以快速改善银行资产负债状况，提高银行信誉，化解金融风险。从各国金融资产管理公司实际运行情况来看，其对促进本国金融体系的稳定、推动本国经济的发展起到了积极作用，该模式也成为世界上处置金融机构不良资产的成功范例。

同一时期，我国的商业银行也存在着不良资产高企的问题。尽管

我国经济总体保持快速增长，然而，银行业和国有企业大多尚未建立现代企业制度，内部风险控制较为薄弱，不良贷款的正常剥离核销工作进展缓慢，因此，银行累积了相当规模的不良贷款。2002年，中国人民银行组织开展了对四家国有独资商业银行大额不良贷款的专项检查。检查结果表明，单笔大额不良贷款的形成原因是多方面的，其中宏观政策调整和市场环境变化因素占35%，企业经营管理不善因素占43%，银行内部管理薄弱因素占22%。此外，周小川指出，改革开放以来，我国国有商业银行的不良贷款，约30%是受到各级政府干预导致的，约30%是对国有企业的信贷支持所形成的，约10%是国内法律环境不到位、法治观念薄弱以及一些地区执法力度较弱所致，约10%是政府通过关停并转部分企业进行产业结构调整所形成，约20%是国有银行自身信贷经营不善造成的。

在过去20余年中，与我国经济发展、金融运行所处不同时期的情况相对应，我国不良资产管理行业大致经历了如下三个发展阶段，如图3-1所示。

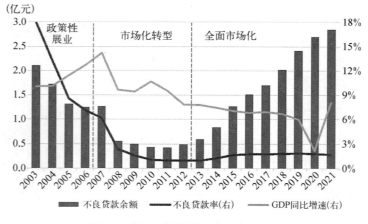

图3-1　我国不良资产管理行业发展阶段

数据来源：国家统计局、原银保监会。

政策性展业阶段（1999—2006年），信达资产、华融资产、东方资产、长城资产四大金融资产管理公司于1999年成立，开展政策性业务，接收国有商业银行政策性剥离的不良资产，有效化解了金融风险，为国有商业银行股改上市打下了基础。这一阶段我国商业银行不良贷款余额与不良贷款率快速下降，四大国有商业银行政策性剥离的不良资产在2006年年底基本处置完毕，为我国经济快速发展、金融体系改革深入推进创造了良好条件。

市场化转型阶段（2007—2012年），四大金融资产管理公司顺应实体经济和金融市场发展变化，从政策性业务向商业化业务转型，两类业务实行分账管理、分账核算，并通过托管、重组等方式对问题金融机构进行处置，综合金融服务集团逐步成形。这一阶段，我国不良资产管理行业的处置手段逐步多元化，到了中后期不良贷款余额基本保持在0.4万亿—0.5万亿元左右，不良贷款率基本保持在1%左右，为我国科学合理应对金融危机、经济发展逐步实现软着陆提供了有力支撑。

全面市场化阶段（2013年至今），随着区域性金融风险逐步暴露，不良贷款余额与不良贷款率双升，地方资产管理公司顺应时势登上历史舞台，开始探索性发展。同时，四大金融资产管理公司也逐步实现全面商业化经营，东方资产、长城资产完成股份制改造、引进战略投资者，信达资产、华融资产在前期股改、引战的基础上，先后在香港交易所上市，进一步实现体制机制市场化、业务范围多元化。2021年第五家全国性金融资产管理公司——银河资产开业，形成了全国性的五大金融资产管理公司。2019年以来，我国不良资产管理行业市场化程度进一步提升，一方面，监管政策陆续出台，原银保监会加大了对金融资产管理公司和地方资产管理公司的监管强度，要求回归主业，做"真不良"业务，并强调地方资产管理公司的区域属性，强化属地管理；另一方面，行业参与者快速增加，竞争加剧，推动行业进一步走向成熟。这一阶段，金融风险逐步释放，不良贷款余额逐步上升至2.8万亿元左右，不良贷款率上升并基本保持在1.7%—1.9%之间。新冠肺炎疫情反复、全球主要经济体货币政策调整、我国经济增速呈下行趋势等环境变化，为我国不良资产管理行业发展带来新的机遇与挑战、提出新的发展命题。

第二节　政策性展业阶段（1999—2006年）

我国不良资产管理行业的政策性展业阶段从1999年四大金融资产管理公司成立开始，到2006年基本将四大国有银行政策性剥离的不良资产处置完毕，完成了财政部政策性不良资产回收考核的目标任务。这一阶段的主要特征是不良资产业务开展由政府主导，包括：（1）收购来源方面，四大金融资产管理公司与四大行一一对应，向对口四大行收购不良资产；（2）收购价格方面，资产收购价格按账面价值计算；（3）资金来源方面，收购资金由人民银行以再贷款方式提供或以向原剥离银行发行特定债券的方式解决；（4）绩效考核方面，四大金融资产管理公司根据财政部确定的绩效考评标准管理及处置不良资产，财政部按照回收金额的一定比例给予绩效激励，如有亏损，财政部提出处理建议并报国务院批准。

一、四大金融资产管理公司成立

1995年6月，中国人民银行召开全国银行业经营管理工作会议，提出4家国有商业银行降低不良贷款率[①]的目标，并开始清查各家银行

---

① 不良贷款率 = 不良贷款余额/各项贷款余额 × 100%；不良贷款余额是指，按照贷款五级分类，次级类、可疑类和损失类贷款之和。

不良贷款底数，改进不良贷款质量划分标准。1997年亚洲金融危机对我国经济造成了较大冲击。在外有金融危机、内有商业银行不良贷款高企的背景下，我国借鉴国际经验，对设立资产管理公司化解金融风险进行研究论证。

为应对亚洲金融危机、化解金融风险、促进国有银行和国有企业改革发展，1999年，国务院转发人民银行、财政部、证监会《关于组建中国信达资产管理公司的意见》（国办发〔1999〕33号）和《关于组建中国华融资产管理公司、中国长城资产管理公司和中国东方资产管理公司的意见》（国办发〔1999〕66号），批准成立中国信达资产管理公司、中国东方资产管理公司、中国长城资产管理公司、中国华融资产管理公司（以下分别简称信达资产、东方资产、长城资产、华融资产）四家金融资产管理公司。

根据上述两项通知，金融资产管理公司是国有独资金融企业，注册资本均为100亿元人民币，由财政部核拨，其主要任务是分别对口收购、管理、处置从四大国有银行剥离的不良资产，以最大限度保全资产、减少损失为主要经营目标。四大金融资产管理公司总部设在北京，根据业务需要设置职能部门和分支机构；人员主要从不良资产剥离银行现有工作人员中选调，同时从社会上招聘若干专业技术人员。2000年年底，四大AMC基本完成了机构设置和人员招聘。

为了规范金融资产管理公司的活动，依法处理国有银行不良贷款，促进国有银行和国有企业的改革和发展，国务院于2000年11月公布《金融资产管理公司条例》（国务院令第297号，以下简称《条例》）。《条例》规定金融资产管理公司以最大限度保全资产、减少损失为主要经营目标，由人民银行、财政部和证监会依据各自的法定职责实施监督管理，并对金融资产管理公司的设立和业务范围、收购不良贷款的范围、额度及资金来源、债权转股权、经营和管理、终止和清算等事项进行规范。在业务范围方面,《条例》规定,金融资产管理公司在其收购的国有银行不良贷款范围内,管理和处置因收购国有银行不良贷款形成的资产时,可以从事下列业务活动:(1)追偿债务;(2)对所收购的不良贷款形成的资产进行租赁或者以其他形式转让、重组;(3)债权转股权,并对企业阶段性持股;(4)资产管理范围内公司的上市推荐及债券、股票承销;(5)发行金融债券,向金融机构借款;(6)财务及法律咨询,资产及项目评估;(7)中国人民银行、中国证券监督管理委员会批准的其他业务活动。此外,金融资产管理公司可以向中国人民银行申请再贷款。

二、政策性展业情况

《条例》印发后,一系列支持金融资产管理公司收购处置不良资产的政策相继出台,包括《财政部 国家税务总局关于中国信达等4家金融资产管理公司税收政策问题的通知》(财税〔2001〕10号)、《最高人民法院关于审理涉及金融资产管理公司收购、管理、处置国有银行不良贷款形成的资产的案件适用法律若干问题的规定》(法释〔2001〕12号)[①]等。在各项政策的指导下,四大金融资产管理公司接受四大行第一次政策性剥离不良贷款的工作持续至2001年。同时,四大金融资产管理公司还根据中国人民银行、国家经济贸易委员会《关于实施债权转股权若干问题的意见》(国经贸产业〔1999〕727号)等政策,对一部分具有良好发展和盈利前景,但暂时陷入财务或经营困难的国有大中型企业实行不良债权资产转股权,帮助其优化资产负债结构,减轻其债务负担。

在四大国有商业银行第一次政策性剥离不良贷款的过程中,四大金融资产管理公司以账面价格共收购了中国建设银行(含转入国家开发银

---

① 根据《最高人民法院关于废止部分司法解释及相关规范性文件的决定》(法释〔2020〕16号),该司法解释自2021年1月1日起废止。

行部分）、中国工商银行、中国银行和中国农业银行的1.4万亿元不良资产，其中包括601家国有企业4,050亿元的转股资产，在化解金融风险、推动国有改革、保全国有资产等方面发挥了重要作用。2001年年末，四大行不良贷款余额和不良贷款率首次出现双降。四大金融资产管理公司收购不良贷款的资金来源包括：（1）财政部对四大金融资产管理公司核拨的资本金（400亿元）；（2）划转中国人民银行发放给四大国有商业银行的部分再贷款（5,700亿元）；（3）四大金融资产管理公司向对应的四大国有商业银行发行的金融债（8,200亿元）。

2003年4月，原银监会成立，履行原由中国人民银行履行的审批、监督管理银行、金融资产管理公司、信托投资公司及其他存款类金融机构等的职责及相关职责[①]；中国人民银行作为我国的中央银行，在国务院领导下，制定和执行货币政策，防范和化解金融风险，维护金融稳定。[②]

2006年，随着四大金融资产管理公司陆续完成财政部政策性不良资产回收考核的目标任务，四大金融资产管理公司成立之初接收的政策性不良资产基本处置完毕，政策性业务时期进入尾声，如表3-4所示。经过政策性剥离不良贷款，四大国有银行大幅压降了不良贷款余额和不良贷款率，并先后完成了股改、上市的工作，如表3-5所示。

表3-4　四大金融资产管理公司资产处置情况（截至2006年一季度末）

四大金融资产管理公司	购入贷款原值（亿元）	累计处置（亿元）	阶段处置进度	现金回收率	资产回收率
信达资产	3,196	2,068	64.7%	31.6%	34.5%
华融资产	3,520	2,468	70.1%	22.2%	26.5%

---

① 《全国人民代表大会常务委员会关于中国银行业监督管理委员会履行原由中国人民银行履行的监督管理职责的决定》。
② 《中华人民共和国中国人民银行法》。

续 表

四大金融资产管理公司	购入贷款原值（亿元）	累计处置（亿元）	阶段处置进度	现金回收率	资产回收率
东方资产	2,530	1,420	56.1%	23.1%	27.2%
长城资产	3,380	2,708	80.1%	10.3%	12.7%
合计	12,626	8,663	68.6%	20.8%	24.2%

注：1. 累计处置：指至报告期末经过处置累计回收的现金、非现金和形成的损失的总额。
2. 阶段处置进度：指累计处置总额占购入贷款原值的比率。
3. 现金回收率：指回收现金占累计处置总额的比率。
4. 资产回收率：指回收的现金及非现金占累计处置总额的比率。
数据来源：原银监会。

表3-5 四大国有商业银行股改上市情况

银 行	中国建设银行	中国银行	中国工商银行	中国农业银行
股改时间	2004-09	2004-08	2005-10	2009-01
H股上市时间	2005-10	2006-06	2006-10	2010-07
A股上市时间	2007-09	2006-07	2006-10	2010-07

数据来源：四大国有商业银行年报。

在这一阶段，瑞银集团、花旗集团、高盛集团、摩根士丹利、摩根大通等外资机构也参与了中国不良资产管理市场。对此，我国相应出台了《金融资产管理公司吸收外资参与资产重组与处置的暂行规定》（已废止）《国家发展改革委、国家外汇管理局关于规范境内金融机构对外转让不良债权备案管理的通知》等制度进行规范。

第三节 市场化转型阶段（2007—2012年）

政策性不良资产处置任务基本完成后，我国不良资产管理行业步入市场化转型阶段。这一阶段的主要特征是市场主体探索转型，包括：（1）收购来源方面，四大金融资产管理公司从对口四大行收购不良资产拓展到向股份行、城商行等各类金融机构收购不良资产；（2）收购价格方面，一定程度上实现市场化竞价方式确定资产收购价格；（3）资金来源方面，逐步采用商业化融资方式；（4）绩效考核方面，政策性业务与商业化业务分账管理，政策性业务重点考核现金回收率和费用率，防止出现片面追求处置进度而忽视回收价值最大化、为处置而处置的现象，商业化业务自负盈亏，实行资本利润率考核；（5）业务范围方面，四大金融资产管理公司通过托管问题金融机构拓展多元化和市场化业务，逐步实现综合化经营。

一、市场化转型的背景

2006年，政策性不良资产处置任务基本完成，不良资产处置工作取得阶段性成果，但由于金融资产管理公司在运行机制方面还存在诸多问题，不良资产剥离在收购、处置和管理过程中国有资产流失的问题较为突出。一是金融风险未得到真正化解。四大金融资产管理公司收购不良贷款的资金来源包括划转中国人民银行发放给国有独资商业银行的部分再贷款和向商业银行发行金融债券，实质上是将商业银行的不良贷款通过剥离转化为人民银行的不良再贷款和商业银行的不良债券，金融风险问题并未得到真正化解。二是政策性导向与市场化经营目标存在矛盾。四大金融资产管理公司被定位于政策性金融机构，不良资产的收购以政策性收购为主，即使是当时有某种意义上的市场竞争收购，四大金融资产管理公司与商业银行的交易仍然属于非完全市场化行为。而管理和处置不良资产时需按照市场化原则进行运作，这使得四大金融资产管理公司时常在政策性和市场化之间进退两难，难以真正实现市场化运作。

事实上，早在2003年3月，我国不良资产管理行业的改革与发展问题就已成为国务院和有关部委关注的重点。中国人民银行在对四大金融资产管理公司进行调查后，将调查情况以《金融情况专报》的形式报送国务院。同时，财政部也进行了大量调查研究，在广泛征求四大金融资产管理公司和有关部门意见的基础上，形成了《关于金融资产管理公司改革与发展问题的请示》，并向国务院报送。2003年10月，十六届三中全会通过《中共中央关于完善社会主义市场经济体制若干问题的决定》，提出"完善金融资产管理公司运行机制"，肯定了四大金融资产管理公司的商业化发展方向。

2004年4月，财政部下发《财政部关于印发金融资产管理公司有关业务风险管理办法的通知》(财金〔2004〕40号)，对四大金融资产管理公司的投资业务、委托代理业务、商业化收购业务进行规范。其中《金融资产管理公司商业化收购业务风险管理办法》规定，商业化收购业务是指四大金融资产管理公司根据市场原则购买出让方的资产，并对所收购的资产进行管理和处置，最终实现现金回收的业务，为四大金融资产管理公司商业化转型打下了基础。2004年，财政部对四大金融资产管理公司实行目标考核责任制，重点考核现金回收率和费用率，并明确了四大金融资产管理公司完成政策性任务后进行商业化转型的方向。

2006年，财政部、原银监会等部门印发《关于金融资产管理公司改革发展的意见》，确定了金融资产管理公司向现代金融服务企业转型的相关事项。四大金融资产管理公司在前期探索的基础上，进一步研究符合自身实际的商业化转型路径。

二、市场化转型情况

2004年至2005年，四大金融资产管理公司通过竞标方式收购了中国工商银行、中国银行、中国建设银行股改过程中第二次剥离的不良贷款，同时接受财政部的委托对其进行处置。第二次剥离采取了公开招标、报价竞标等更为市场化的方式，是四大金融资产管理公司商业化转型的萌芽。不过，尽管当时四大金融资产管理公司竞标按市价收购国有商业银行上市前剥离的不良贷款，但收购资金仍向中国人民银行借款筹集。

2005年以后，四大金融资产管理公司开始探索按照商业化原则收购不良资产，市场供给主要来自股份行和城商行，资金来源也更加多样。2005年，信达资产通过商业化融资方式收购上海银行原值人民币30亿元不良贷款，成为第一家以商业化的方式收购不良资产并募集资金的金融资产管理公司。此后，四大金融资产管理公司进一步向股份制商业银行和城商行拓展不良资产业务。

2006年年末起，四大金融资产管理公司根据财政部要求，对商业化收购业务的财务收支和会计核算，与政策性业务严格区分，实行分账管理，商业化业务的损益由四大金融资产管理公司自行享有或承担，并实行资本利润率考核。自2007年以来，四大金融资产管理公司不断拓展不良资产业务的收购范围，在原有基础上陆续开始收购农村商业银行、城市信用社、农村信用社、信托公司和金融租赁公司等金融机构出售的不良资产。

根据国务院对金融资产管理公司"一司一策"的改革原则和"突出主业、多元发展"的总体要求，四大金融资产管理公司根据多年来的商业化实践，设计了不同的商业化转型路径。"一司一策"的本质是实现差异化转型发展模式，用差异化发展完善金融市场体系，避免同质化的恶性竞争，充分满足社会多样化的需求，是金融资产管理公司转型发展的必由之路。四大金融资产管理公司结合各自实际情况和特点，搭建了各有侧重的业务平台，呈现差异化的竞争态势。

在商业化转型阶段，四大金融资产管理公司也对出现财务和经营问题的金融机构进行托管、清算和重组，并搭建涵盖证券、期货、信托、租赁、基金管理、保险等业务的综合性金融服务平台，初步形成了综合金融服务集团架构，为后续的全面商业化打下了基础。多元化、综合化经营既是四大金融资产管理公司自身商业化转型和托管问题金融机构的结果，也是我国金融体系改革不断深化的体现。随着股份制改革陆续启动，四大金融资产管理公司开始向全面商业化时期迈进。与此同时，不良资产管理行业的新兴力量登上历史舞台。

第四节　全面市场化阶段（2013年至今）

经过多年的市场化转型，我国不良资产管理行业进入全面市场化阶段。这一阶段的主要特征是四大金融资产管理公司经营管理全面商业化、地方资产管理公司参与化解风险、行业进一步发展壮大并走向规范，主要包括：（1）收购来源方面，资产管理公司开始规模化收购非金融机构的不良债权资产；（2）收购价格方面，充分通过市场化竞价方式确定资产价格；（3）资金来源方面，融资渠道进一步多元化；（4）经营机制方面，四大金融资产管理公司完成股改、引战，信达、华融实现上市，以开展商业化业务为主，经营管理更加市场化；（5）市场主体方面，第五大金融资产管理公司——银河资产开业，地方资产管理公司相继成立并有力化解区域金融风险，金融资产投资公司以市场化债转股实施机构的身份参与不良资产市场；（6）监管政策方面，各项政策制度陆续出台，推动行业发展进一步走向规范。

一、四大金融资产管理公司全面商业化

为加强对商业化转型后的金融资产管理公司的监管，规范其经营

行为，2014年原银监会、财政部、人民银行、证监会、原保监会联合印发《金融资产管理公司监管办法》（银监发〔2014〕41号），对金融资产管理公司的公司治理、风险管控、内部交易管理、特殊目的实体管理、资本充足性管理、财务稳健性管理、信息资源管理、信息披露等事项提出了明确要求。

为适应经济发展阶段、市场形势和监管政策要求，四大金融资产管理公司将原政策性业务时期承担的"化解金融风险、帮助国企脱困、支持银行改革"三大功能调整为"化解金融风险、维护金融稳定、服务实体经济"新三大功能。具体而言，四大金融资产管理公司通过股改、引战、上市推动体制机制市场化，通过拓展不良资产业务模式等方式推动业务多元化。

（一）股改

信达资产于2008年启动股份制改革，于2009年6月30日对政策性业务和商业化业务进行独立评估，于2010年6月29日更名为中国信达资产管理股份有限公司，承继中国信达资产管理公司的资产、机构、业务、人员和相关政策。中国信达资产管理股份有限公司由财政部独家发起，注册资本变更为251.56亿元。

华融资产于2012年完成股改。在承继中国华融资产管理公司的资产、机构、业务、人员和相关政策的基础上，由财政部、中国人寿于2012年9月28日发起设立中国华融资产管理股份有限公司，注册资本变更为人民币258.36亿元。

东方资产于2016年9月21日收到《中国银监会关于中国东方资产管理公司改制为中国东方资产管理股份有限公司有关事项的批复》（银监复〔2016〕281号），名称由"中国东方资产管理公司"变更为"中国东方资产管理股份有限公司"，由财政部和全国社会保障基金理事会共同发起，注册资本变更为553.63亿元。

长城资产于2016年完成股改。在承继中国长城资产管理公司的资产、机构、业务、人员和相关政策的基础上，由财政部、全国社会保障基金理事会和中国人寿保险（集团）公司于2016年12月11日发起设立中国长城资产管理股份有限公司，注册资本变更为人民币431.50亿元。

（二）引战

2012年，信达资产引入全国社会保障基金理事会（社保基金会）、UBSAG（瑞士银行集团）、中信资本控股有限公司（中信资本，通过其全资附属机构中信资本金融控股有限公司持股）、Standard Charted Bank（渣打银行，通过其全资附属机构Standard Chartered Financial Holdings持股）四家战略投资者。四家战略投资者共投入资金103.7亿元，持有信达资产增资后总股本的16.54%。本次引战增资后，信达资产注册资本变更为301.40亿元。

2014年，华融资产引入美国华平投资集团（Warburg Pincus Financial International Ltd）、高盛集团全资附属机构（Special Situations Investing Group II, LLC）、复星国际附属公司（FIDELIDADE-COMPANHIA DE SEGUROS, S. A.）、中国国际金融股份有限公司（CICC Strategic Investment Company Limited）、中粮集团（香港）有限公司、马来西亚国库控股公司（Pantai Juara Investments Limited）、中信国际资产管理有限公司（CSI AMC Company Limited）作为战略投资者，并向现有股东中国人寿增发股份。本次引战增资后，华融资产注册资本变更为326.96亿元。

2017年，东方资产原股东全国社保基金增持，并引入中国电信集团有限公司、国新资本有限公司和上海电气集团股份有限公司作为战略投资者，并于2018年完成增资手续，东方资产注册资本变为682.43亿元。2019年，原银保监会批复同意财政部将持有东方资产的10%股权划转给全国社保基金。

2018年，长城资产原股东全国社会保障基金理事会、中国人寿保险（集团）公司作为战略投资者增资，并引入中国财产再保险股份有限公司、中国大地财产保险股份有限公司作为战略投资者。本次引战增资后，长城资产注册资本为512.34亿元。

（三）上市

2013年12月，信达资产在香港联合交易所上市，成为国内首家登陆资本市场的金融资产管理公司。2014年1月，信达资产行使超额配售选择权超额配售7,978.26万股，发行完毕后注册资本变更为362.57亿元。2016年9月，信达资产在境外非公开发行非累积永续境外优先股，募集资金总额约为人民币213.7亿元。2016年12月，信达资产向中远海运金融控股有限公司配售19.08亿股新H股，配售完成后已发行普通股为381.65亿股。

2015年10月30日，华融资产在香港联合交易所主板挂牌上市；2015年11月20日，华融资产超额配股权获联席全球协调人（代表国际承销商）部分行使，涉及6.04亿股超额配发股份，行使完毕后华融资产全球发售发行H股合计63.74亿股。2016年3月11日，华融资产完成工商变更登记，注册资本变更为390.70亿元。

（四）业务多元化

通过上述股改、引战、上市等操作，四大金融资产管理公司进一步实现了经营机制市场化；同时，通过拓展不良资产业务模式、扩大金融业务范围等手段，推动实现业务多元化，朝全面市场化方向迈进。

一方面，不良资产业务模式进一步拓展。四大金融资产管理公司的业务逻辑由过去仅对银行体系不良资产包进行收购处置，扩展到对全社会各种错配资源的重新整合和优化配置；不良资产收购来源由金融机构扩展到非金融机构；处置方式由债权转让扩展到债务重组；处置标的由整包扩展到单户。

另一方面，金融业务范围进一步扩大。四大金融资产管理公司通过收购、发起设立、重组金融机构等方式，围绕不良资产主业构建起了多元化的金融服务平台，其中既包括银行、证券、保险、基金、信托、租赁等金融牌照平台，又包括评估、投资等辅助性平台，形成了综合经营的模式，极大提升了收购处置不良资产的能力。但是，四大金融资产管理公司在金融业务多元化的过程中也产生了很多风险，部分业务方向逐渐偏离不良资产主业。监管部门对金融资产管理公司提出逐步退出非主业的要求，四大金融资产管理公司正在剥离与不良资产业务协同性较低的金融业务板块，进一步聚焦不良资产主业。

二、地方资产管理公司参与化解风险

在四大金融资产管理公司全面商业化的同时，受国内外经济金融环境影响，我国商业银行不良贷款余额和不良贷款率自2011年第四季度起止降反升，呈双升趋势。中国人民银行在《2011年第四季度中国货币政策执行报告》中首次提出，加强系统性、区域性风险防范，守住不发生区域性系统性风险的底线。此时，不良贷款处置压力增大，超出了银行自身处置能力，不良贷款批量转让成为重要的处置方式。当时四大金融资产管理公司长期垄断了不良贷款一级批发市场，但一方面其杠杆率已接近上限，并且业务多元化发展，资本并没有都用于不良资产业务，导致承接不良资产的能力和意愿受限；另一方面由于竞争不够、四大金融资产管理公司出价过低等，商业银行转让不良资产的动力有限。

面对上述情形，为盘活金融企业不良资产，增强抵御风险能力，促进金融支持经济发展，防范国有资产流失，2012年2月，财政部、原银监会印发《金融企业不良资产批量转让管理办法》（财金〔2012〕6号，以下简称6号文），规定各省级人民政府原则上可设立或授权一家资产管理或经营公司，参与本省（区、市）范围内不良资产的批量转让工作，其购入的不良资产应采取债务重组的方式进行处置，不得对外转让。

2013年11月，原银监会印发《关于地方资产管理公司开展金融企业不良资产批量收购处置业务资质认可条件等有关问题的通知》（银监发〔2013〕45号），在6号文的基础上明确了地方资产管理公司的准入门槛、运作模式等事项，并鼓励民间资本投资入股地方资产管理公司。

2014年7月、11月，原银监会先后公布了2批共10家地方资产管理公司名单，允许参与本省（区、市）范围内金融企业不良资产批量转让工作。自此，地方资产管理公司队伍以每年约10家的速度扩大，直到2018年3月。

在此过程中，原银监会办公厅印发《关于适当调整地方资产管理公司有关政策的函》（银监办便函〔2016〕1738号），放宽6号文关于各省级人民政府原则上只可设立一家地方资产管理公司的限制，允许确有意愿的省级人民政府增设一家地方资产管理公司；并放宽6号文关于地方资产管理公司收购的不良资产不得对外转让、只能进行债务重组的限制，允许以债务重组、对外转让等方式处置不良资产，对外转让的受让主体不受地域限制。

三、监管政策陆续出台

2019年起，原银保监会加大了对金融资产管理公司和地方资产管理公司的监管强度，要求回归主业，做"真不良"业务；并强调地方

AMC的区域属性，强化属地管理。

2019年5月，原银保监会发布《关于开展"巩固治乱象成果　促进合规建设"工作的通知》(银保监发〔2019〕23号)，从宏观调控政策执行、公司治理、资产质量、不良资产收购业务、固定收益类业务、同业业务等方面对金融资产管理公司提出了要求，重点整治以收购金融或非金融不良资产名义变相提供融资、违规新增办理类信贷等固定收益类业务等，整治力度远超预期，可见监管当局对于金融资产管理公司回归主业的坚定态度与严格要求。

2019年7月，原银保监会发布《关于加强地方资产管理公司监督管理工作的通知》(银保监办发〔2019〕153号，以下简称153号文)，相对于年初的征求意见稿，删除了地方资产管理公司的定义(包括金融属性)、经营范围(包括区域)、业务支持政策等，要求地方资产管理公司"回归本源、专注主业"，提高了监管强度，强调地方资产管理公司的区域属性与防范化解区域金融风险的责任使命。

2021年1月，原银保监会下发《关于开展不良贷款转让试点工作的通知》(银保监办便函〔2021〕26号)，允许试点银行(6家国有控股大型银行和12家全国性股份制银行)向试点资产管理公司(金融资产管理公司和符合条件的地方资产管理公司)批量转让个人不良贷款；银行业信贷资产登记流转中心有限公司(简称"银登中心")发布不良贷款转让业务规则、公开竞价细则、信息披露细则(银登字〔2021〕1号、2号、3号)三项试行制度。

2021年12月，中国人民银行就《地方金融监督管理条例(草案征求意见稿)》公开征求意见。该条例共五章四十条，按照"中央统一规则、地方实施监管，谁审批、谁监管、谁担责"的原则，将地方各类金融业态纳入统一监管框架，强化地方金融风险防范化解和处置。其中规定，地方资产管理公司属于地方金融组织。

四、市场主体持续扩容

监管趋严的同时，外资、持牌机构、民营机构等行业参与者快速增加，竞争加剧。一方面，中美第一阶段经贸协议约定省级资产管理公司牌照对外资开放，外资加速进场；另一方面，银河资产、数家地方资产管理公司获批，国内持牌资产管理公司数量增加，银行系金融资产投资公司陆续成立、政策支持力度不断加大，不良资产行业竞争进一步加剧。

2020年1月，中美政府签订第一阶段经贸协议，其中第4.5条"金融资产管理（不良债务）服务"约定，"中国应允许美国金融服务提供者从省辖范围牌照开始申请资产管理公司牌照，使其可直接从中资银行收购不良贷款。中国在授予新增的全国范围牌照时，对中美金融服务提供者一视同仁，包括对上述牌照的授予"。

2019年10月，江西省第二家地方资产管理公司获原银保监会备案，这是自2018年3月以后首家获批的地方资产管理公司。此后，另有五家地方资产管理公司获批。2021年年末，存续地方资产管理公司数量已达59家，如图3-2所示。

2020年3月，原银保监会发布《关于建投中信资产管理有限责任公司转型为金融资产管理公司的批复》(银保监复〔2020〕107号)，同意建投中信资产管理有限责任公司转型为金融资产管理公司并更名为中国银河资产管理有限责任公司（简称"银河资产"）。2020年12月，原银保监会发布《关于中国银河资产管理有限责任公司开业的批复》(银保监复〔2020〕874号)，同意中国银河资产管理有限责任公司开业。2021年1月，第五家全国性金融资产管理公司——中国银河资产管理有

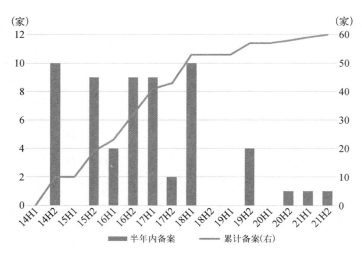

图 3-2　各时间段地方资产管理公司备案数量

数据来源：根据原银保监会公布资料整理。

限责任公司正式开业，注册资本为100亿元人民币，股权结构如表3-6所示。

银河资产的业务范围包括：（1）收购、受托经营金融机构不良资产，对不良资产进行管理、投资和处置；（2）债权转股权，对股权资产进行投资、管理和处置；（3）固定收益类有价证券投资；（4）发行金融债券、同业拆借和向其他金融机构商业融资；（5）破产管理；（6）财务、投资、法律及风险管理咨询和顾问；（7）资产及项目评估；（8）经批准的资产证券化业务、金融机构托管和关闭清算业务；（9）非金融机构不良资产业务；（10）国务院银行业监督管理机构批准的其他业务。

表 3-6　银河资产股权结构

股　东	出资金额	持股比例
中国银河金融控股有限责任公司	65.0亿元	65.0%
中央汇金投资有限责任公司	13.3亿元	13.3%

续 表

股　　　东	出资金额	持股比例
南京紫金投资集团有限责任公司	10.0亿元	10.0%
北京金融街资本运营中心	6.0亿元	6.0%
中信证券股份有限公司	5.7亿元	5.7%

2020年，新冠肺炎疫情反复、全球主要经济体货币政策调整、我国经济增速呈下行趋势等环境变化，为我国不良资产管理行业发展带来了新的机遇与挑战、提出了新的发展命题。但随着金融资产管理公司全面商业化、地方资产管理公司参与化解风险、行业监管政策陆续出台、市场主体持续扩容，我国不良资产管理行业走向成熟、为防范化解金融风险、服务实体经济发展作出更大贡献的整体趋势保持不变。

本 章 小 结

本章先以美国、韩国、爱尔兰为例，介绍国外不良资产管理行业发展的总体情况，并简述在借鉴国外经验基础上形成中国特色的不良资产管理行业发展总体情况，引出后文对我国不良资产管理行业几个发展阶段的详细阐述。

中国不良资产管理行业的历史，是一部防范化解金融风险的历史，需要放在中国金融体系改革与发展的大背景下进行分析。在过去20余年中，与经济发展、金融运行在不同时期的情况相对应，中国不良资产管理行业大致经历了三个发展阶段。

政策性展业阶段（1999—2006年），信达资产、华融资产、东方资产、长城资产四大金融资产管理公司成立，开展政策性业务，接收国有商业银行政策性剥离的不良资产，有效化解了金融风险，为国有商业银行股改上市打下了基础。这一阶段，我国商业银行不良贷款余额与不良贷款率快速下降，四大国有商业银行政策性剥离的不良资产在2006年年底基本处置完毕，为我国经济快速发展、金融体系改革深入推进创造了良好条件。

市场化转型阶段（2007—2012年），四大金融资产管理公司顺应实体经济和金融市场发展变化，从政策性业务逐渐向商业化业务转型，两类业务实行分账管理、分账核算；并通过托管、重组等方式对问题金融机构进行处置，综合金融服务集团逐步成形。这一阶段，我国不良资产管理行业的处置手段逐步多元化，到了中后期不良贷款余额基本保持在0.4万亿元—0.5万亿元左右，不良贷款率基本保持在1%左右，为我国科学合理应对金融危机、风险实现软着陆、经济持续发展提供了有力支撑。

全面市场化阶段（2013年至今），区域性金融风险逐步暴露，不良贷款余额与不良贷款率双升，地方资产管理公司顺应时势登上历史舞台，开始探索性发展；同时，四大金融资产管理公司也逐步实现全面商业化经营，东方资产、长城资产完成股份制改造、引进战略投资者，信达资产、华融资产在前期股改、引战的基础上，在香港交易所上市，进一步实现体制机制市场化、业务范围多元化。2019年以来，我国不良资产管理行业市场化程度进一步提升，一方面，监管政策陆续出台，原银保监会加大了对金融资产管理公司和地方资产管理公司的监管强度，要求回归主业，做"真不良"业务，并强调地方资产管理公司的区域属性，强化属地管理；另一方面，行业参与者快速增加，竞争加剧，推动行业进一步走向成熟。这一阶段，金融风险逐步释放，不良贷款余额逐步上升至2.8万亿元左右，不良贷款率上升并基本保持在1.7%—1.9%之间。

本章重要术语

金融资产管理公司　地方资产管理公司

复习思考题

1. 中国不良资产管理行业发展可以分为哪几个阶段？
2. 政策性业务阶段的特点主要包括哪些？
3. 全面市场化业务阶段的特点主要包括哪些？

第四章

中国不良资产管理行业生态系统与市场运行机制

近年来，由于受到供给侧结构性改革、中美贸易摩擦以及新冠肺炎疫情对国内外经济环境冲击的影响，中国商业银行的资产质量受到很大冲击。不良贷款率与不良贷款余额整体处于波动上升的状态。

中国不良资产管理行业经过多年的发展，逐渐形成了以银行与持牌资产管理公司为核心，以国家金融监督管理总局（原银保监会）、各地方金融监管机构为行业主要监管机构，以其他投资商和服务商为重要参与者的生态系统结构，行业运行机制也在不断发展、趋于成熟。本章将从不良资产行业供应商、投资商、服务商以及监管机构等出发，对行业生态系统进行介绍，再对以银行为主要出让方的金融不良资产一级市场与以持牌机构为主要出让方的二级、三级市场，以及其他非金融不良资产市场的运行机制进行概述。

第一节　行业生态系统

一、供应商

根据本书第一章不良资产管理行业基本概念中的介绍，不良资产按主体形态可以分为金融不良资产和非金融不良资产，这里的主体即不良资产的供应主体。因此，我们将不良资产行业的供应商分为银行、非银金融机构和非金融机构三类。

（一）银行

根据原银保监会、人民银行发布的《商业银行金融资产风险分类办法》(银保监会、人民银行令〔2023〕第1号),金融资产按照风险程度分为五类,分别为正常类、关注类、次级类、可疑类、损失类,后三类合称为不良资产。其存在不仅影响银行的资产质量与日常运营,更会影响中国金融系统的稳定性。近年来,由于受到供给侧结构性改革、中美贸易摩擦以及新冠肺炎疫情对国内外经济环境冲击的影响,中国商业银行的资产质量受到很大冲击。不良贷款率与不良贷款余额整体处于波动上升的状态。

如图4-1所示,2012年至2020年,我国商业银行不良贷款余额与不良贷款率呈现"双升"的趋势;随后,不良贷款率下降,不良贷款规模总体缓慢上升,至2022年年底不良贷款余额已达2.98万亿元,不良贷款率为1.63%。由此可见,银行对于不良资产的处置需求一直存在。但近年来,银行处置的不良资产中,自主核销规模占比上升,对外转让占比下降,银行不良资产供给有限。随着疫情支持政策逐步到期,部分金融风险逐步暴露,预计未来银行不良资产供给将呈上升趋势。

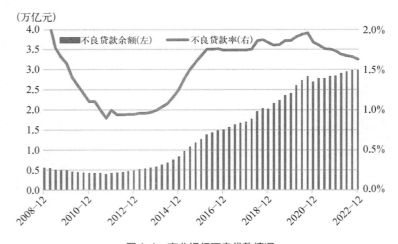

图4-1 商业银行不良贷款情况

数据来源:原银保监会。

（二）非银金融机构

在金融机构当中，除了银行外，信托公司、金融租赁公司、保险资管、券商资管等非银金融机构也有各类不良资产。从整体体量来看，信托公司、保险资管与券商资管等潜在不良资产将会是非银金融机构不良资产的主要构成部分。

从行业整体体量和潜在风险规模来看，目前国内非银不良资产主要来自信托公司。如图4-2所示，2015年以来信托资产余额展现出先升后降的趋势。截至2021年第一季度，信托资产余额约为20.4万亿元，同比2015年第一季度上升28.4%，但是环比2020年第四季度下降了0.5%，相比于2017年第四季度历史峰值累计回落5.9万亿元，降幅达22.4%。

在信托资产规模收缩的同时，其资产质量在逐渐恶化。如图4-3所示，信托风险项目数量及风险资产规模从2015年第一季度末的425个与974亿元，上升至2020年第一季度末的1626个与6,431亿元。2020年第一季度以后，中国信托业协会每季度披露的报告中不再包含风险项目相关部分的披露。

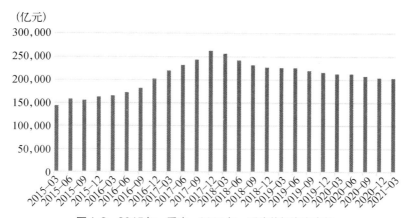

图4-2　2015年一季度—2021年一季度信托资产余额

数据来源：中国信托业协会，浙商资产研究院整理。

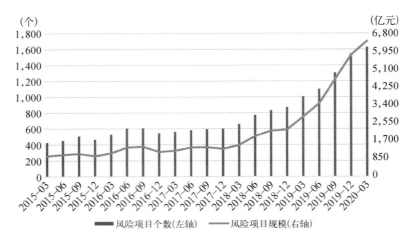

图4-3　2015年3月—2020年3月信托风险项目数量及风险资产规模

数据来源：中国信托业协会，浙商资产研究院整理。

此外，随着近几年国内宏观经济环境承压，金融租赁公司、消费金融公司等非银行系的金融企业也会产生相应的不良资产。目前，虽然有资产管理公司在非银金融机构的风险防范化解方面有所参与，但是整体暂未形成有效的细分行业，这也是不良资产行业未来发展的方向之一。

（三）非金融机构

2015年，财政部和原银监会联合发布的《金融资产管理公司开展非金融机构不良资产业务管理办法》，对非金融机构和非金融机构不良资产进行了界定，其中非金融机构是指除国家金融监督管理总局与证监会监管的各类金融机构之外的境内企业法人、事业单位、社会团体或其他组织。非金融企业产生的不良资产可以分为债权类不良资产、股权类不良资产和实物类不良资产。

二、管理者

不良资产的管理者可以分为核心管理者（投资商）和辅助管理者

（服务商），其主要的区别在于前者主要投入资金买入不良资产，后者作为服务商主要提供平台或者专业能力为投资商进行服务，很少付出或者不付出资本，不享有资本增值的回报亦不承担资本亏损的风险。但实践中存在服务商以跟投或降低基本管理费用、提高超额分成比例的方式与投资商进行利益绑定，从而共担风险的现象。

（一）核心管理者（投资商）

本书中的核心管理者主要是指提供资金投入的投资商，包括五大全国性金融资产管理公司、地方资产管理公司、金融资产投资公司和非持牌投资者等主体。

金融资产管理公司，是指经国务院决定设立的收购处置金融机构及非金融机构不良资产的国有非银行金融机构。目前，我国一共有五大资产管理公司，分别为中国东方资产管理股份有限公司、中国长城资产管理股份有限公司、中国华融资产管理股份有限公司、中国信达资产管理股份有限公司和中国银河资产管理有限责任公司。除银河资产于2021年开业以外，其余四大金融资产管理公司均成立于1999年，并且分别对应接受中国银行、中国农业银行、中国工商银行、中国建设银行的不良资产，用以应对亚洲金融危机。四大金融资产管理公司在发展过程中逐步成为拥有银行、保险、证券等金融牌照的综合性金融机构。

四大金融资产管理公司在全国范围内发展了宽广的客户关系网络，拥有成熟的制度体系，建立了专业能力强、经验丰富的人才储备。同时，四大金融资产管理公司资金实力雄厚，融资成本较低，融资渠道较广，拥有较强的综合金融服务能力。其劣势在于地方性资源不够聚焦，政策性业务负担较重，以及监管环境更为严格。银河资产由于成立时间较短，在展业网络与业务布局方面还处于发展初期阶段。

地方资产管理公司源于《金融企业不良资产批量转让管理办法》（财金〔2012〕6号）中允许各省级人民政府原则上设立或授权一家资产管理或经营公司的相关规定。地方资产管理公司具有较强的地方属性，与地方政府合作关系密切。同时，各地地方资产管理公司的日常经营由当地金融监管部门负责监管。在该监管框架下，当地政府监管部门有相对较大的监管自主权，地方资产管理公司在做好监管沟通的基础上，经营管理更具有灵活性。地方资产管理公司与五大资产管理公司相比，劣势在于资金规模较小，资金成本较高，同时由于发展起步较慢，经验相对欠缺。

金融资产投资公司是指经国务院银行业监督管理机构批准，在中华人民共和国境内设立的，主要从事银行债权转股权及配套支持业务的非银行金融机构。金融资产投资公司的业务模式为债转股业务和债转股配套支持业务两大类。

我国不良资产市场的非持牌投资者主要包括国内民间投资者和国际资产管理机构。国内民间投资者大多资金实力较为雄厚，具有较为广泛的社会资源，但其参与不良资产市场的主体身份受到政策限制。国际资产管理机构同样为非持牌机构，其最大的特色在于国际化的多元融资渠道、具有丰富经验的专业投资者，但是限于在我国的社会资源较少，目前还是以投资为主，处置方面多委托当地的服务商。2020年1月，中美政府签订第一阶段经贸协议，约定地方资产管理公司牌照对外资开放，美国金融服务提供者可直接从中资银行收购不良贷款，但截至2021年年底，国内市场上还未出现持牌的国际机构。

（二）辅助管理者（服务商）

辅助管理者是指围绕不良资产行业产业链上下游提供多种商业服务的服务商，提升不良资产行业的活跃度和运作效率。辅助管理者是不良资产行业重要的支持性机构，并且随着市场边沿的扩张、投资人需求的多样化、金融风险的复杂化，市场对辅助管理者的能力要求也更加多元化，原先简单的尽调支持、外部评估等常规功能已经难以满足市场需求。未来不良资产投资机构将会越来越依赖辅助管理者提供的能力，来应对越加复杂的市场环境。

总体来说，辅助管理者（服务商）需要具有资源整合及类似于投资银行中介的功能，为不良资产投资机构提供资金以外的大部分能力，可以分为处置服务商、专业服务商、交易服务商和综合服务商。

处置服务商是指为不良资产的拥有者或投资者提供债权转让、诉讼追偿、企业重组、市场化债转股、破产重整、破产清算和资产证券化等不良资产处置服务的机构，这类机构常见于非持牌资产管理公司、咨询公司、投资公司等。处置服务商一般不进行出资，只提供各类服务，很少享有资本增值的回报，较少承担资本亏损的风险。

专业服务商是指律师事务所、会计师事务所、资产评估机构等提供专业服务的中介机构。不良资产存在区域性强、产业链长、专业化程度高、清收处置难等特点，导致行业具有一定进入门槛，对从业人员的专业技能、知识储备、业务经验均提出了较高的要求。商业银行和资产管理公司在不良资产处置中需要借助以律师事务所、会计师事务所、资产评估机构等为代表的专业服务商的力量。

交易服务商是指通过发布资产标的信息，撮合交易，有独立的交易系统和结算系统保障交易的稳定性和安全性的第三方交易平台。交易服务商可以分为三大类别：实体拍卖行、官方指定平台、非官方平台。

综合服务商是指辅助投资商实现从端到端的收购处置全程服务的机构，是服务商与投资商深度融合的结果。区别于处置服务商、专业服务商以及交易服务商，综合服务商不仅能够提供专业的咨询、尽调、管理、处置、评估、法务、平台交易等全面的不良资产服务，同时能够整合其他服务商作为其服务能力的有力支撑。

三、监管层

我国不良资产管理行业的监管机构主要包括中国人民银行、财政部、国家金融监督管理总局（原银保监会）、各省级人民政府、各地方金融监督管理局等。

中国人民银行作为我国的中央银行，制定和执行货币政策、宏观审慎政策，防范和化解金融风险，维护金融稳定，从宏观视角对金融资产管理公司、地方资产管理公司及其业务进行相应监管。财政部作为四大金融资产管理公司的控股股东，在国务院授权下履行国有金融资本出资人职责，根据《金融资产管理公司条例》等对四大金融资产管理公司进行监管。国家金融监督管理总局在原银保监会基础上组建，统一负责除证券业之外的金融业监管，强化机构监管、行为监管、功能监管、穿透式监管、持续监管。

各省级人民政府及省级地方金融监管局作为各省级国家权力机关的执行机关、省级国家行政机关及地方金融监管部门，根据《中国银保监会办公厅关于加强地方资产管理公司监督管理工作的通知》等分别履行地方资产管理公司监管责任及具体负责对本地区地方资产管理公司的日常监管。

监管机构之间的协同也体现了综合监管的逻辑，例如各省级人民政府地方金融监管部门加强与原银保监会派出机构的沟通协调，建立地方资产管理公司监管信息共享机制；原银保监会与财政部、中国人民银行、证监会等监管机构和主管部门加强监管合作和信息共享，协调实现金融资产管理公司集团范围的全面、有效监管。

第二节　市场运行机制

我国不良资产管理行业的市场包括一级市场、二级市场、三级市场和其他市场，经过多年发展，形成了多层次的市场运行机制。常规金融不良资产市场主要是指来自银行的不良贷款，由于牌照的存在，整个市场可以分为一级市场和二、三级市场。持牌机构包括五大金融资产管理公司和地方资产管理公司，可以在一级市场直接批量（3户及以上）收购银行的不良贷款。而其他投资机构只能零星（3户以下）从银行收购不良贷款，或者从一级市场的买方手里收购。而非常规不良资产的收购因为不受牌照限制，就没有一、二级市场之分。

一、一级市场

一级市场上的不良资产供给方为商业银行等金融机构。通常银行是主要供给方，银行一般会将多数单户的不良债权组合进行批量转让，以提高不良债权的出清效率，行业内称之为"打包转让"。银监办便函〔2017〕702号通知不良债权批量的标准定义为3户及以上债权的组合。

在不良资产一级市场上，根据原银保监会或地方政府的批复文件，只有金融资产管理公司和地方资产管理公司这两类机构可以作为批量债权包的受让方，即3户及以上的银行不良资产包只能由金融资产管理公司和地方资产管理公司收购，而单户或2户组成的资产包，其他非持牌的投资者也可收购。其中，金融资产管理公司可以在全国范围内参与一级市场收包，而地方AMC只能在获授权经营的省市开展一级市场业务，在非授权经营的省市不得直接从银行处批量收购不良资产。

一级市场的收购环节具体可以分为信息立项、资金储备、尽职调查、法律评估、价值评估、制定处置方案、竞价、交割八步。首先银行向五大金融资产管理公司和当地地方资产管理公司发招标函，提供参拍资产的信息清单，然后参与者根据资金规模和成本决定是否参与竞价。在确认资金充足后，参与者要对资产进行尽调，收集信息后根据法律风险评估与资产价值评估，制定初步的处置方案，根据处置方案对项目整体的风险与回报进行测算，最终决定是否参与竞价以及竞拍价格阈值的确认。资产管理公司参与竞价，竞得资产包后与银行进行资产、资金及相关材料交割，完成资产收购。

二、二级及三级市场

二级市场的供应方为从银行处受让资产包的持牌机构，而需求主体包括地方资产管理公司和外资机构、国内民营投资者等非持牌投资者。三级市场的供需双方都为非持牌的投资者。

作为一级市场的受让方，资产管理公司出于处置效率和资金利用率的考虑，存在把债权包里部分不良资产转让给第三方的动力，而不是自行处置完包里所有的不良资产，这就形成了不良资产的二级市场。出于相同的考虑，二级市场的受让方也会将一些不良资产继续向下游转让，因此就形成了三级市场。

从交易标的来看，一级市场与二级、三级市场差别也较大。一级市场交易的标的都是多户不良资产组成的不良资产包，而二级、三级市场中就出现了较多单户或者较少几户打包的资产包标的。这主要有两个原因，一是较好处置的不良资产，持牌机构为将利润最大化，会自行处置而不是转让给下游；二是多数非持牌机构受资金规模所限，不愿一次性收购大规模债权，从而造成流动性风险。而各地方资产管理公司、外资机构和国内民营投资者作为二级、三级市场的受让方，愿意收购二手包甚至多手包的动力在于其深耕地方区域，拥有成熟的地方生态圈，或者拥有较强的专业能力，擅长处置特定地区、产业的资产，能够实现不良资产的价值最大化。二级和三级市场的形成大大加强了不良资产市场的流动性。

二级、三级市场整体交易过程与一级市场较为相似，都是由买方对资产进行尽职调查，在尽职调查的基础上进行法律风险、价值评估，在测算风险与利润后进行收购决策。

二级、三级市场与一级市场的区别主要在于信息传递机制和价格形成机制。在信息传递机制方面，二级、三级市场的不良资产信息源十分广泛，包括互联网交易平台，持牌机构官方、资产交易所等网站，甚至买方可以主动向各个资产管理公司、不良资产投资机构了解是否有转让意向的资产包，买方主动性较一级市场更强。在价格形成机制方面，如若同一资产包有多个意向买方，则价格形成方式与一级市场相同，都是通过竞价的方式，价高者得。如若只有一个潜在买方，则价格可以通过交易双方的协商形成。

总体来看，二级、三级市场买方的信息透明度与流动性更高，买方主动性更强，市场化程度也因此较高。

三、其他市场

目前市场上的主流不良资产大部分都是由银行对公贷款转化而来。而随着经济去杠杆的逐步展开，个人不良贷款、非金不良资产等业务也逐步走入市场，引起广大投资者的关注。

2021年，为应对经济下行环境下银行资产质量承压的现象，原银保监会办公厅下发《关于开展不良贷款转让试点工作的通知》，批复同意银行业信贷资产登记流转中心试点开展单户对公和个人不良贷款批量转让。对于个人不良贷款的收购，地方资产管理公司获监管批准后，可以不受区域限制,像五大金融资产管理公司一样,全国范围内批量收购个人不良贷款。

对于非金不良资产,监管机构一直保持谨慎态度,在有条件的情况下,先后允许五大金融资产管理公司开展非金不良资产业务。而各地方监管机构态度不一。非金不良资产多是非金融机构直接和资产管理公司对接,并未形成有效的资产流转的交易市场。

本 章 小 结

本章主要介绍了我国不良资产行业的生态系统和市场运行机制。不良资产行业主要由供应商、管理者和监管层构成。其中行业的供应商可根据属性分为银行、非银金融机构和非金融机构。不良资产行业的管理者可以分为核心管理者-投资商和辅助管理者-服务商。核心管理者又可分为五大金融资产管理公司、地方资产管理公司、金融资产投资公司、民间投资者和国际资产管理机构。辅助管理者包含会计师事务所、律师事务所、不良资产处置服务商、平台服务商等,为核心投资商提供专业服务。此外,行业监管机构主要包括国务院、中国人民银行、财政部、国家金融监督管理总局(原银保监会)、省级地方金融监管局等,从行业准入和业务范围方面对资产管理公司进行监管。

不良资产行业市场主要为银行金融不良债权交易市场,根据参与者和准入要求分为一级市场和二级、三级市场。一级市场供应商为银行,需求方主要为持牌机构,整个交易流程包含信息立项、尽职调查、价值评估等。二级、三级市场由持牌机构作为供应商向外转让不良资产,需求方包含五大资产管理公司、地方资产管理公司和非持牌机构。此外，还有金融租赁和消费金融等细分领域尚未形成有效的市场机制。

本章重要术语

一级市场　二级市场　三级市场　非银金融机构　非金融机构

复习思考题

1. 不良资产行业中的供应商主要包括哪些？
2. 不良资产市场的主要运行机制是怎样的？
3. 个人不良贷款的收购运行机制是怎样的？

第五章

中国不良资产管理行业的市场结构分析

随着近两年中美贸易摩擦升级以及新冠肺炎疫情暴发,国际与国内的社会环境和宏观经济环境都发生了巨大的转变,不良资产市场的供给端也因此发生结构性变化。

上一章介绍了不良资产行业生态系统中供应商、资产管理者等角色以及金融不良资产市场的运行机制，本章将从供应商和管理者的角度对于前一章提到的中国金融不良资产市场分两节进行介绍。第一节着重介绍近年来金融不良资产市场的实际供应情况，并简析其他潜在不良资产的供应来源点。第二节主要介绍金融不良资产市场的竞争情况与结构特点，以及对于不良资产重要处置方式——司法拍卖的市场进行介绍。

第一节　市场供应情况

随着近两年中美贸易摩擦升级以及新冠肺炎疫情暴发，国际与国内的社会环境和宏观经济环境都发生了巨大的转变，不良资产市场的供给端也因此发生结构性变化。

本章的潜在供给与实际供给是从时间维度进行划分，无论来源主体是银行、非银金融机构还是非金融机构，已经认定形成违约或不良却还未被成交、处置并留有记录的资产为潜在供给。已实际交易或处置、进入金融不良资产市场的不良资产则认定为实际供给。目前，不良资产的潜在供给随着经济承压而有规模扩大的趋势，这将有可能促使更多不良资产行业下的细分领域市场形成并趋于成熟。而实际供给规模在"看得见的手"与"看不见的手"合力作用下保持相对稳定状态。

一、潜在供给

根据不良资产行业三大供应商的分类，下面将逐一分析银行、非银金融机构和非金融机构的不良资产潜在供给情况。商业银行的不良贷款规模是金融不良资产市场最主要的潜在供给，但并不是所有的商业银行不良贷款都能转化为实际供给，因为商业银行对于自身的不良贷款除了通过金融不良资产市场进行转让处置外，还可以采用自行清收、司法处置以及贷款核销等方式进行处置。但是随着商业银行不良资产规模增大与不良率的提升，银行采用对外转让方式的处置规模也会相应扩大，两者具有一定的相关性。

在新冠肺炎疫情背景下，货币政策的宽松以及对不良贷款期限的放松使得不良贷款规模的增长速度不及贷款规模的增长速度，导致银行不良率有所下降。如表5-1所示，中国商业银行的不良贷款余额从2020年第一季度的26,121亿元上升至2021年第四季度的28,470亿元，上升了9.0%。而基于2020年较为宽松的货币环境，商业银行整体贷款规模从2020年第一季度的1,366,596亿元上升至2021年第四季度的1,648,162亿元，上升了20.6%。商业银行整体的不良贷款率从2021年第一季度的1.91%下滑到2021年第四季度的1.73%。而不良率在某种程度上可以理解为衡量商业银行供给不良资产动力的指标。不良率越高，供给动力越强。不良率越低，供给动力越弱。在当前环境下，商业银行有多种方式自行处置不良资产，而非向市场供给。从另一个角度来说，商业银行端的潜在供给规模在持续扩大。

表5-1　2020第一季度、2021第一至四季度中国商业银行不良贷款结构

单位：亿元

时间 指标	2020 一季度	2021 一季度	2021 二季度	2021 三季度	2021 四季度
正常类贷款	1,299,930	1,480,791	1,524,160	1,555,928	1,581,613
关注类贷款	40,545	37,396	37,556	37,813	38,079
不良贷款余额	26,121	27,883	27,908	28,335	28,470
其中：次级类贷款	11,469	13,122	12,801	12,951	12,768
可疑类贷款	10,638	10,679	11,209	11,146	11,361
损失类贷款	4,014	4,082	3,897	4,237	4,341
正常类贷款占比	95.12%	95.78%	95.88%	95.92%	95.96%
关注类贷款占比	2.97%	2.42%	2.36%	2.33%	2.31%
不良贷款率	1.91%	1.80%	1.76%	1.75%	1.73%
其中：次级类贷款率	0.84%	0.85%	0.81%	0.80%	0.77%
可疑类贷款率	0.78%	0.69%	0.71%	0.69%	0.69%
损失类贷款率	0.29%	0.26%	0.25%	0.26%	0.26%

数据来源：中国原银保监会、浙商资产研究院整理。

不同类型的银行资产，质量也不尽相同，潜在供给意愿大相径庭。如表5-2所示，大型商业银行的不良贷款余额居于首位，有着最大的潜在供给规模，其次为农村商业银行，股份制商业银行与城市商业银行的不良贷款规模则分列第三和第四位。从不良贷款率的角度看，农商行的不良贷款率远超其他类别的商业银行，潜在的供给意愿最强。城商行的不良贷款率远低于农商行，但高于大型商业银行和股份制商业银行。

表5-2　2020第一季度、2021第四季度中国各类商业银行不良贷款

单位：亿元

时间/指标 机构类别	2020年一季度		2021年四季度	
	不良贷款余额	不良贷款率	不良贷款余额	不良贷款率
大型商业银行	9,553	1.39%	11,236	1.37%
股份制商业银行	5,052	1.64%	4,977	1.37%
城市商业银行	4,519	2.45%	4,403	1.90%
民营银行	63	1.14%	113	1.26%
农村商业银行	6,831	4.09%	7,655	3.63%
外资银行	103	0.71%	87	0.56%

数据来源：中国原银保监会、浙商资产研究院整理。

在非银金融机构中，证券、保险等机构的不良资产很少在市场上被谈及，但这类不良资产也有一定的规模，只是市场对其了解甚少，导致券商资管和保险资管等不良资产目前并未形成有效的细分市场，相关数据还未有所统计，未来这类不良资产也会逐渐进入市场实现处置消化。

目前，市场上最常见的是信托不良资产。随着信托产品不断爆雷，违约事件频发，刚性兑付彻底打破，信托产品吸引力下降。叠加国家推动金融去杠杆，信托行业监管趋严，持续压降融资、通道类业务。在业务转型的驱动下，信托资产规模明显收缩，风险资产规模持续快速扩大，信托业不良率快速上升。

截至2020年一季度，我国信托业的风险项目个数为1,626个，较2015年同期新增1,201个。风险资产规模为6,431亿元，较2015年同期增长560%。[①]如图5-1所示，从信托种类来看，单一信托项目作为通道项目，由于监管，

---

① 2020年一季度以后，中国信托业协会每季度披露的报告中不再包含风险项目相关部分的披露。因此，公开数据只能更新至2020年一季度。

风险规模占比总体呈下降趋势，集合类风险项目规模占比相应走高。因此，信托行业的风险资产规模与风险项目个数都有所扩大和增长，行业孕育风险增多，潜在供给规模扩大，有望促进有效的非金融不良资产细分市场形成。

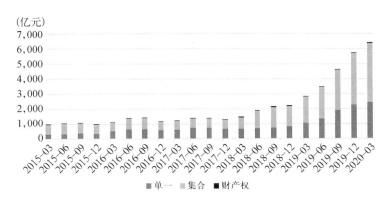

图5-1　2015年一季度—2020年一季度信托风险项目类别

数据来源：中国信托业协会，浙商资产研究院整理。

随着近几年国内经济发展承压及疫情的影响，非金融机构领域不良资产的规模快速扩大，其中包含企业信用债券违约和工业企业的应收账款、其他应收款等。

2020年前，信用环境宽松时企业过度举债，导致债务负担过重，企业负债率过高，叠加外部国际环境变化、内部监管加强、信贷紧缩等因素，导致企业再融资愈加困难，很多企业接连爆雷，信用债券发生实质性违约。2020年后，由于受到新冠肺炎疫情暴发的影响，人们的生产经营和消费活动都受到限制，企业经营陷入困顿，经营现金流出现紧缺甚至枯竭，从而导致企业违约情况进一步加剧。2020年之前，无论是违约的债券余额，还是违约的债券数量，从违约主体来看，发生违约的主要是民营企业，然而到了2020年，永煤集团的违约事件打破了市场对于"AAA"评级国企信用债的刚兑信仰，对债券市场造成了强力的冲击。

2021年,随着地产"三道红线"的落地实施,以恒大地产为代表的许多大型房地产企业相继陷入流动性困境而发生债券违约。2019至2021年违约债券金额均达到了1,600亿元以上,如图5-2所示。

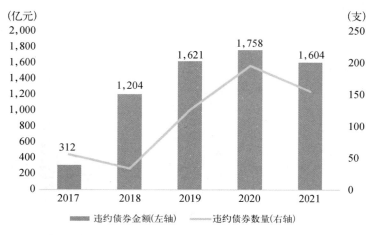

图5-2　2017—2021年违约债券数量及规模

数据来源：Wind,浙商资产研究院整理。

近年来,随着供给侧改革的逐步推进以及国内外整体经济发展下行压力加大,工业企业的应收账款规模也有所累加增长。如图5-3、5-4所示,2022年3月末,全国工业企业应收账款规模达到了19.61万亿元,比疫情前2019年同期上升了20.1%。工业企业应收账款的回款周期近几年整体趋势向上,2019年2月全国工业企业的应收账款平均回款周期为57.5天。而新冠肺炎疫情暴发后,工业企业经营持续受到了停工停产的极大影响,2020年2月应收账款的回款周期上升至71.3天,为近年来的峰值。此后,随着国内疫情逐渐得到控制,2022年2月的回款周期已经降至58.3天,但仍然高于疫情前2019年同期水平。结合工业企业应收账款规模和回款周期,近几年工业企业的不良资产规模处于整体扩大的态势,处置压力将会进一步扩大,未来有望促进工业企业不良资产风险化解的细分领域产生。

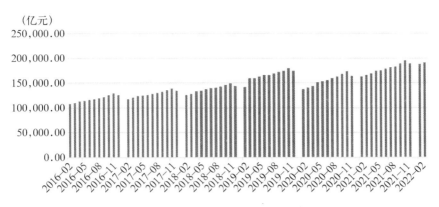

图 5-3　2016 年 2 月—2022 年 3 月工业企业应收账款

数据来源：Wind，浙商资产研究院整理。

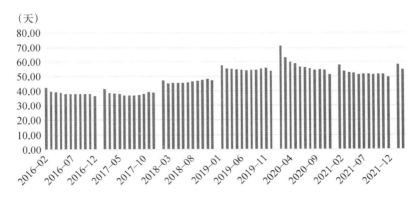

图 5-4　2016 年 2 月—2022 年 3 月工业企业应收账款平均回收期

数据来源：Wind，浙商资产研究院整理。

二、实际供给

近年来，在金融不良资产一级市场中，银行不良债权的实际供给规模、一级市场结构分布以及市场地域特点都有新的变化。

从银行实际供给债权的情况来看，据浙商资产研究院所掌握的公开数据，2019 至 2021 年全国银行转出债权分别为 4,208、3,428 和 4,019 亿元，整体呈现稳步波动趋势。这主要是由于国家在 2020 年疫情暴发后延缓小微企业的银行贷款还款期限，且一定期限的延期不计入不良贷款，同时政府在租金、税赋和贷款利率方面对于小微企业有所优惠和补贴。此外，疫情对于不良资产交易行为影响较大，尤其是2020年上半年，因为受疫情影响人们无法进行尽职调查等线下现场工作，各地债权交易活动陷入停滞，市场流动性下降明显。综合以上两点，银行的实际供给在2020年有所下降，直到2021年有所恢复，达到与疫情前2019年相近的体量。综合三年来看，一级市场供给端虽受疫情影响，但总体体量能够保持稳定。

一级市场供给端的细分结构也在发生变化。五大行的转让规模逐年减小，从2019年和2020年转让占比第二和最大到2021年转让占比第三。股份制银行则规模占比保持稳定。城商行转让规模在2021年大幅上升，转让占比在2021年上升至第二大。农商行近三年的转让占比逐年上升。政策性银行和其他银行的转让规模都较小（表5-3）。由此可以看出，疫情后一级市场供应端的结构发生了转变，城商行的规模占比上升幅度较大。这说明了在疫情和宏观经济影响下，五大行和股份制银行债权客户中大企业比例更高，因此，资产质量恶化程度相较于城商行略小一些，后者的资产质量受影响更大，也因此有更大的转让处置需求，扩大了其潜在供给规模和实际供给规模。

表5-3 2019—2021年银行转出债权转让方详细

单位：亿元，%

转让方类型	转让规模			转让占比		
	年份					
	2019	2020	2021	2019	2020	2021
五大行	1,413	1,261	846	33.6%	36.8%	21.1%
股份制银行	1,462	1,103	1,358	34.8%	32.2%	33.8%
城商行	638	552	1,217	15.2%	16.1%	30.3%
农商行	311	304	414	7.4%	8.9%	10.3%

续 表

转让方类型	转让规模			转让占比		
	年份					
	2019	2020	2021	2019	2020	2021
政策性银行	316	177	71	7.5%	5.2%	1.8%
邮储银行	0	0	0	0.0%	0.0%	0.0%
其他银行	68	31	112	1.6%	0.9%	2.8%

数据来源：浙商资产研究院整理。

需求端方面，如表5-4所示，2019至2021年间，被四大金融资产管理公司购入的债权规模分别为2,791、2,250和2,023亿元，对应占比为66.3%、65.6%和50.3%；被地方资产管理公司购入约为1,073、933和1,081亿元，占比为25.5%、27.2%与26.9%。由此可见，近年来，在一级市场中，四大金融资产管理公司仍占据着绝对主导地位，但份额呈现逐年下降趋势。地方资产管理公司持续在本省深耕运作，利用地缘优势不断提升自身影响力和竞争力，其在银行处购入的债权规模占比总体保持稳定。

表5-4　2019—2021年银行转出债权受让方详细

单位：亿元

受让方类型	受让规模			受让占比		
	年份					
	2019	2020	2021	2019	2020	2021
四大金融资产管理公司	2,791	2,250	2,023	66.3%	65.6%	50.3%
地方资产管理公司	1,073	933	1,081	25.5%	27.2%	26.9%
非持牌机构	344	245	915	8.2%	7.2%	22.8%

数据来源：浙商资产研究院整理。

此外，全国各地一级市场的活跃程度与交易体量并非均匀分布。从近三年数据看，东南沿海省市的一级市场活跃程度较高，交易规模也较大。分区域来看，如图5-5所示，华东地区一级市场成交体量最大，约为3,819亿元。分省来看，浙江省成交规模最大，约为1,769亿元，其次为江苏省，成交规模约为1,057亿元。这主要是由于东南沿海经济较内陆地区更为发达，市场化程度更高，不良债权处置渠道更多样化，处置效益更高，因此，一级市场流动性更高，成交规模更大。

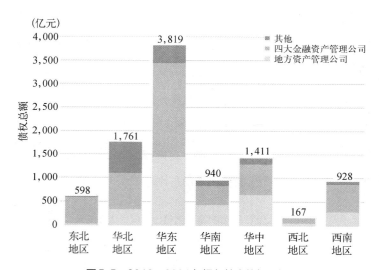

图5-5 2019—2021年银行转出债权区域分布情况

数据来源：浙商资产研究院整理。

第二节 市场交易情况

一、不良资产交易二级和三级市场

本节主要介绍金融不良资产二级与三级市场的交易机构情况和地

域特点。作为一级市场的衍生市场，二级和三级市场的地域分布也延续了一级市场的特点，依旧是东南沿海省份的成交规模较大，但市场结构有所变化，供给方和需求方与一级市场差别较大。

（一）二级市场交易情况

从二级市场供应方来看，如表5-5所示，资产管理公司在2019至2021年转出的债权规模分别约为2,963、2,675及3,446亿元，其中作为二级市场最主要的需求方，非持牌机构三年购入的比例分别为73.1%、71.2%及69.8%。虽然呈下降趋势，但仍然占据了市场约七成的份额。而剩下的需求者主要为地方资产管理公司，但其购入比例相对较低，分别为19.0%、24.1%及27.1%。此外，四大金融资产管理公司也偶有在二级市场购入标的资产的情况，只不过体量与占比较小，四家机构三年购入比例合计分别为7.9%、4.7%及3.1%。而随着中国不良资产行业所受到的关注度越来越高，更多的民营与外资机构参与市场，即使近三年一级市场的规模没有加速扩大，不良资产二级市场的交易规模仍然呈现扩大趋势。

表5-5 2019—2021年资产管理公司转出债权受让方详细

单位：亿元

受让方类型	受让规模			受让占比		
	年份					
	2019	2020	2021	2019	2020	2021
非持牌机构	2,166	1,906	2,404	73.1%	71.2%	69.8%
地方资产管理公司	563	646	932	19.0%	24.1%	27.1%
四大金融资产管理公司	234	123	110	7.9%	4.7%	3.1%

数据来源：浙商资产研究院整理。

作为一级市场的衍生市场，二级市场的区域分布与一级市场极为相似,华东地区处于领先地位,2019—2021年成交规模约为4,269亿元,占全国二级市场成交规模接近五成(图5-6)。分省来看,浙江省的二级市场成交规模最大,约为2,212亿元;广东省紧随其后,二级市场成交规模约为1,003亿元;江苏省则位列第三,二级市场成交债权规模约为811亿元。这主要是因为东南沿海地区作为中国经济发展较为领先的区域,民营经济十分发达,信息透明度高,资产流动性也更好。因此,该区域的不良资产二级市场最为活跃。

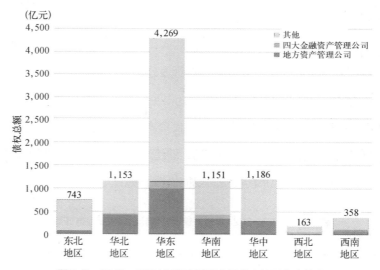

图5-6　2019—2021年资产管理公司转出地区分布情况

数据来源:浙商资产研究院整理。

(二)三级市场交易情况

三级市场的供应方和需求方都以非持牌机构为主,持牌机构在三级市场的参与度较低,其中又以地方资产管理公司的参与度最低。如表5-6所示,从2019年至2021年的交易规模来看,三年分别为1,325、1,098与1,294亿元。考虑到2020年疫情的影响,整体规模呈现稳定的趋势。从需求方来看,非持牌机构为三级市场的主要需求方,其收购规模约占整个市场的八成。持牌机构在三级市场参与度较低,因为其从一级市场可以以相对更低的价格购入不良债权,除特别优质的资产标的外,持牌机构较少参与三级市场。

表5-6　2019—2021年非持牌机构转出债权受让方详细

单位:亿元

受让方类型	受让规模			受让占比		
	年　份					
	2019	2020	2021	2019	2020	2021
非持牌机构	992	857	1,139	74.9%	78.1%	88.0%
地方资产管理公司	75	81	111	5.7%	7.4%	8.6%
四大金融资产管理公司	258	160	44	19.5%	14.5%	3.4%

数据来源:浙商资产研究院整理。

三级市场作为一级、二级市场的衍生市场,其区域分布也继承了一、二级市场的特点。如图5-7所示,华东地区处于绝对领先的地位,2019—2021年成交规模约为1,849亿元,占全国三级市场成交规模约五

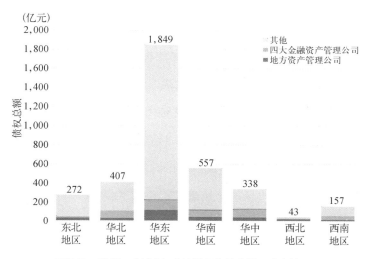

图5-7　2019—2021年非持牌机构转出地区分布情况

数据来源:浙商资产研究院整理。

成。分省来看,浙江省的三级市场成交规模最大,约为859亿元,广东省和江苏省分列二、三位,两者三级市场成交规模约为490亿元和446亿元。

二、司法拍卖市场情况

司法拍卖作为不良资产处置中的一种重要方式,主要通过司法程序将抵押物进行拍卖变现,从而实现债权全部或部分清偿。而司法拍卖为了增强资产价值变现能力,提升资产流动性,通常将资产挂拍在互联网上,从而面向更多的买方群体。参与司法拍卖并不需要特别的资质验证,只需提供参与拍卖所需的保证金即可参与拍卖。根据最高人民法院关于司法拍卖网络服务提供者名单,目前,共有淘宝网、京东网、人民法院诉讼资产网、公拍网、中拍网、工商银行融e购和北京产权交易所七家线上拍卖网站可以进行司法拍卖。这里根据七大线上司法拍卖平台中房地产的拍卖数据,对整个网络司法拍卖市场进行简单描绘和介绍。

(一)全国整体房产司拍概况

2019年、2020年和2021年全国司法拍卖(简称"司拍")房产次数分别为504,942、516,701及563,040次,呈现逐年上升的趋势。究其原因,受经济下行压力以及疫情反复对经济运行的扰动,大量不良贷款项下的抵押物——房产被推入市场,造成法拍房市场规模持续上升。从地域分布来看,如图5-8所示,四川省、广东省及江苏省的挂牌数量最多,房产司法拍卖市场的体量最大,北京市、上海市及天津市等直辖市规模较小,因为房产司拍规模与该省(区、市)本身房产总体量有一定相关性。从时间维度来看,四川省、重庆市、江西省及安徽省等省市处于三年逐年上升的趋势,其余省市房产司拍市场在2020年基

第五章 中国不良资产管理行业的市场结构分析 | 113

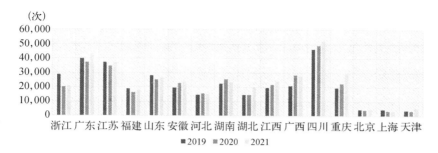

图5-8 主要省份2019年、2020年和2021年拍卖总次数

数据来源：浙商资产研究院整理。

本都受到疫情影响而大部分有所下降。

2019年、2020年和2021年全国司法拍卖房产中一拍房产分别为300,796、300,496和323,062次，一拍房产数代表该房产首次在司法平台挂拍。因此，一拍环节的房产数量变化代表了网络拍卖房产市场规模新增拍品的实际变化情况。如图5-9所示，四川省、广东省及江苏省的一拍房产数量最多，北京市、上海市及天津市等直辖市规模较小。而其相对整个拍卖房产次数的比重——网络拍卖房产市场的一拍占比，则反映了网络拍卖房产市场的流动性，一拍房产占比越高则代表其余二拍、三拍及再次拍卖或变卖的占比越低。因此，一拍的成功率越高，市场流动性也就越好。

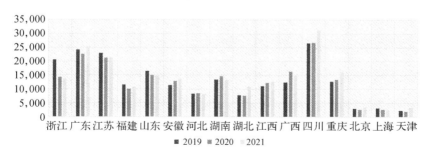

图5-9 主要省份2019年、2020年和2021年一拍数

数据来源：浙商资产研究院整理。

从流动性角度来看，2019年、2020年和2021年一拍房产数占总拍卖房产次数的比重分别为58%、58%和57%，整体基本持平，2021年略微有所下降。从地域分布来看，如图5-10所示，上海市、北京市、浙江省等省市的一拍占比最高，司拍房产流动性最好。司拍房产流动性与当地房地产市场的二手房流动性高度相关，超一线与一线省市的房地产抗通胀保值能力较强，二手房市场交易活跃，其司拍房产市场也相对更为活跃，流动性更好。从时间维度来看，除北京市、上海市、天津市等省市外，大部分省市的市场流动性都有所减弱，这与整体宏观经济环境有关。在经济周期下行阶段，非一线城市的资产市场流动性会受到极大影响。

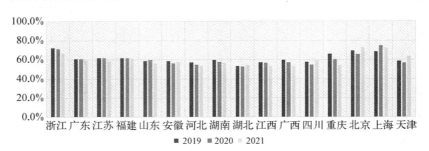

图5-10 主要省份2019年、2020年和2021年一拍占比

数据来源：浙商资产研究院整理。

（二）各房产类型情况

司法拍卖房产在各拍卖平台上主要可以分为住宅房产、商业房产、工业房产和其他房产。由于其他房产包含种类较杂，异质性较强，这里主要介绍前三类房产，主要从拍卖次数、拍卖平均成交率和平均变现折扣率三个维度来描绘各类房产市场。其中，拍卖次数代表该类房产的整体市场规模，平均成交率和平均变现折扣率则是从拍品的成交概率和变现回报率两个角度来判别其变现能力强弱。近几年来，住宅的平均成交率和平均变现折扣率均高于工业和商业房产。综合来看，

住宅的流动性要好于工业和商业房产。

1. 住宅房产

2019年、2020年和2021年全国司法拍卖住宅房产分别共计293,234、310,840及365,406次，整体处于上升态势，住宅房产的司拍市场规模在持续扩张，如图5-11所示。2019年、2020年及2021年全国司法拍卖住宅房产平均成交率分别为35.3%、32.8%及29.7%，而从平均变现折扣率来看，2019至2021年分别为85.5%、88.9%和90.7%。近年来，住宅房产的平均成交率逐年下降，但是平均变现折扣率逐年上升。结合变现概率和变现回报率，从变现的期望角度来看，市场整体变现能力在下降。这主要是由于资产变现能力与宏观经济周期有较强的相关关系，在宏观经济承压时，资产变现能力也相应受到影响。叠加2021年住宅房产受房地产调控政策以及多地推出的法拍房限购政策影响，导致住宅房产市场流动性下降。

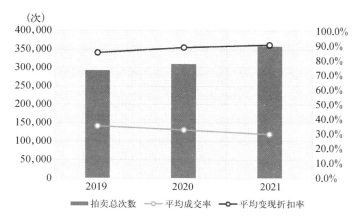

图5-11 主要省份2019年、2020年和2021年住宅房产拍卖总次数、平均成交率和平均变现折扣率

数据来源：浙商资产研究院整理。

2. 商业房产

商业房产的流动性、变现能力与经济周期的相关性比住宅房产更高。因此，虽然商业房产不受法拍房限购的影响，但在经济承压期

间，商业房产的司拍市场流动性与变现能力受到的负面影响更大。如图5-12所示，2019年、2020年及2021年全国司法拍卖商业房产共计204,502、198,354及188,547次，呈现逐年下降的趋势。而商业房产平均成交率分别为17.7%、16.2%及12.7%，平均变现折扣率分别为75.4%、75.0%及74.4%，两者均持续下降，体现出其受经济周期波动影响更大。

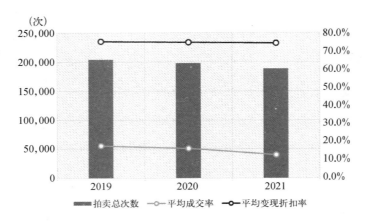

图5-12　主要省份2019年、2020年和2021年商业房产拍卖总次数、平均成交率和平均变现折扣率

数据来源：浙商资产研究院整理。

3. 工业房产

近几年，工业房产虽然受到疫情与经济波动影响，但整体流动性保持稳定。如图5-13所示，2019年、2020年和2021年全国司法拍卖工业房产分别共计9,251、8,267和8,501次。疫情暴发后整体市场规模有所下降，平均成交率分别为30.5%、30.0%及29.6%，近三年连续下降，平均变现折扣率分别为88.0%、88.8%及94.4%。与住宅房产的趋势相似，工业房产的平均成交率有所下降，但是平均变现折扣率连年上升，整体变现能力保持稳定。

第五章　中国不良资产管理行业的市场结构分析　　117

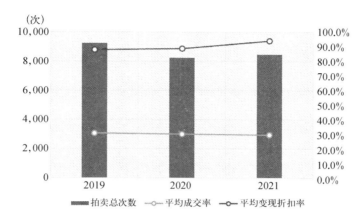

图5-13　主要省份2019年、2020年和2021年工业房产拍卖总次数、平均成交率和平均变现折扣率

数据来源：浙商资产研究院整理。

本 章 小 结

中国不良资产行业自1999年开始不断发展成熟，根据不良资产的来源主体分化出了不同领域的细分市场，其中以银行为主要供应方的金融不良资产市场发展最为迅速，并衍生出二级和三级市场。同时，市场格局自1999年以来也发生了巨大的变化，资产管理者的数量和种类都在逐年增加，也逐渐分化为投资商和服务商。本章以2020年新冠肺炎疫情暴发为时间切分点，通过数据揭示了商业银行、信托行业、违约信用债以及工业企业应收账款等潜在供应来源体量在不断增长，银行的实际供应量则保持相对稳定的现状。同时介绍了以四大金融资产管理公司为主，地方资产管理公司和非持牌机构的参与度与市场份额在逐年提高的市场结构，以及东南沿海省份交易最为活跃的地域分布特点。最后介绍了不良债权主要处置手段——司法拍卖对应的网络拍卖市场。2019—2021年司拍数据显示近几年住宅、商业和工业类房产的市场流动性有所承压。

本章重要术语

司法拍卖　房产司拍流动性

复习思考题

1. 不良资产的潜在供给有哪些?
2. 近年来不良资产市场交易情况如何?

第六章

核心管理者：投资商

事实上，四大金融资产管理公司发展初期具有一些政策优势，自身也积累了一些发展优势，并且也取得了较好的效果，但在近些年的发展过程中逐渐偏离不良资产主业，导致发展短板被放大，风险不断累积，效益出现了不同程度的下滑。

我国不良资产管理行业的核心资产管理者（不良资产投资商），主要有五大金融资产管理公司、地方资产管理公司、金融资产投资公司、非持牌资产管理公司（民间投资机构和国际资产管理机构）等。

第一节　金融资产管理公司

一、金融资产管理公司的历史沿革

四大金融资产管理公司自1999年成立以来，历经了政策性业务、商业化转型、全面商业化等发展阶段，相继完成了政策性不良资产的处置任务，通过股改、引战、上市（信达资产、华融资产）实现了市场化经营，并通过收购、发起设立、重组金融机构等方式，围绕不良资产主业构建起了多元化的金融服务平台（详见本书第三章不良资产管理行业发展简史）。

2021年1月，第五家全国性金融资产管理公司——中国银河资产管理有限责任公司正式开业，注册资本为100亿元人民币，主要股东为中国银河金融控股有限责任公司（65%）、中央汇金投资有限责任公司（13.3%）、南京紫金投资集团有限责任公司（10%）。公司经营范围与其他四大金融资产管理公司基本一致，但值得注意的是，四大金融资产管理公司经营范围包括买卖有价证券，而银河资产则为固定收益类有价证券投资。按照业务规划，银河资产在未来将发挥出来自证券业的优势，在参与传统不良资产业务外，重点布局资本市场不良业务，打造不同于四大金融资产管理公司的发展之路。

二、金融资产管理公司的发展现状

五大金融资产管理公司中，除银河资产于2021年开业以外，其余四大金融资产管理公司均成立于1999年，已有20余载历史，在发展过程中逐步成为商业化经营的金融集团，除不良资产经营以外，还拥有银行、保险、证券、期货、信托、金融租赁等金融牌照，如表6-1所示。但是，四大金融资产管理公司在金融业务多元化的过程中也产生了很多风险，部分业务方向逐渐偏离不良资产主业。监管部门对金融资产管理公司提出逐步退出非主业的要求，四大金融资产管理公司正在剥离与不良资产业务协同性较低的金融业务板块，进一步聚焦不良资产主业。

表6-1 四大金融资产管理公司所持金融牌照

金融牌照	四大金融资产管理公司			
	信达资产	华融资产	东方资产	长城资产
银行	南洋商业银行	—*	大连银行	长城华西银行
保险	—	—	中华联合保险	长生人寿保险*
证券	信达证券	—*	东兴证券	长城国瑞证券
期货	信达期货	—*	东兴期货	—
信托	金谷信托	—*	大业信托	长城新盛信托
金融租赁	信达金融租赁	华融金融租赁	—	长城国兴租赁

*根据监管部门对金融资产管理公司逐步退出非主业的要求，四大金融资产管理公司正在有序推进相关金融牌照子公司股权转让工作。
2021年4月，长城资产于上海联合产权交易所发布长生人寿保险股权转让信息，后因资质审查过程中出现影响产权交易的事项而中止；2022年，华融资产已完成对华融证券、华融湘江银行、华融信托的股权转让工作，华融证券子公司华融期货的牌照也相应转让。
资料来源：四大金融资产管理公司官网、年度报告。

近年来，四大金融资产管理公司经营情况波动性较大。如图6-1、6-2所示，华融资产因相关风险事件，自2018年起总资产呈下降趋势，净利润持续处于低位，2020年甚至亏损超1,000亿元，目前在监管指导下持续剥离非主业金融牌照，并通过引入战略投资者以渡过难关；长城资产自2017年以来总资产长期保持在6,000亿元左右，净利润与华融资产基本维持在同一水平，根据延期披露的2021年度财务报告，长城资产在2021年亏损额约为80亿元；信达资产与东方资产表现相对较好，但自2017年以来也出现资产增速放缓和净利润下降的趋势。中国银河

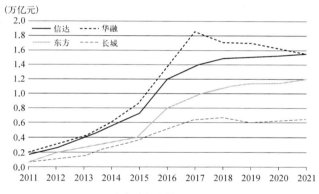

图6-1　四大金融资产管理公司总资产情况

数据来源：四大金融资产管理公司官网、年度报告。

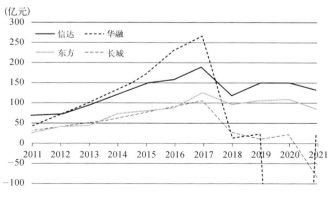

图6-2　四大金融资产管理公司净利润情况

数据来源：四大金融资产管理公司官网、年度报告。

资产则因开展不良业务时间较短，暂未披露财务数据。

三、金融资产管理公司的发展特征及发展方向

事实上，四大金融资产管理公司发展初期具有一些政策优势，自身也积累了一些发展优势，并且也取得了较好的效果，但在近些年的发展过程中逐渐偏离不良资产主业，导致发展短板被放大，风险不断累积，效益出现了不同程度的下滑。具体而言，四大金融资产管理公司优势可归为如下三点。

首先，具有丰富的业务资源和较强的专业能力。四大金融资产管理公司成立于1999年，至今已有20多年的经营历史，一方面具有广泛的网络和深厚的客户资源优势，运营网点覆盖全国主要省市，与众多金融机构、大型国有企业建立了良好的合作关系；另一方面拥有完善成熟的制度体系、经验丰富的管理层和前中后台，具有较强的专业能力优势。

其次，政策支持力度大，享受较多政策优惠。四大金融资产管理公司系中央金融企业，其控股股东均为财政部；银河资产的控股股东——中国银河金融控股有限责任公司同样为中央金融企业。金融资产管理公司的上述股东背景以及防范化解金融风险的特殊使命，使其在法律、税收等方面均享受较多政策优惠。

最后，资金实力雄厚，融资成本较低，融资渠道较广。2010年以来，四大金融资产管理公司陆续完成了股改、引战，在优化公司经营机制的同时也显著增强了资本实力；信达资产、华融资产还实现了H股上市，进一步对接国际资本市场。此外，金融机构的身份使金融资产管理公司在融资成本、投融资渠道等方面和其他资产管理机构相比，均处于优势。

尽管经过20多年的发展，四大金融资产管理公司积累了良好的发展优势，但也存在相应的发展瓶颈，后续逐步解决这些瓶颈是公司实现高质量发展的重要方面。

首先，妥善解决既有政策性业务。股份制改造后，四大金融资产管理公司进行了原有的剩余政策性债转股资产买断工作，管理的政策性债转股股权资产涉及机械、钢铁、电子、能源、化工、纺织等行业。未来仍需以市场化为导向，通过清理政策性资产负债，实现政策性资产与商业化资产的有效区分。

其次，地方性业务资源相对欠缺。金融资产管理公司与地方资产管理公司相比，缺少深入扎根省会以下地市的网点布局，与地方政府合作关系相对较弱；与民间投资者相比，缺少各投资人特有的地方民间资源。以上劣势使四大金融资产管理公司在管理处置地方属性较强的不良资产时相对乏力。

最后，体制机制灵活性尚待提升。金融资产管理公司属于中央金融企业，与地方资产管理公司以及民营资管公司相比，在经营机制灵活性上尚显不足，这对于业务创新和业务拓展都有一定的限制性作用。反观地方资产管理公司以及民营资管公司，在体制机制上具有较大的灵活性，这种体制机制灵活性更加适应本来就具有较高复杂性的不良资产管理行业。因此，未来要深化体制机制改革，提高经营的灵活性。

四大金融资产管理公司未来需更好地适应经济发展阶段、市场形势和监管政策要求，做精不良资产主业，巩固不良资产主业优势，创新不良资产收购处置方式，拓展为主业提供支持的金融服务业务，加大对实体经济的服务力度，有效清理政策性业务存量，深耕地方资源，并充分发挥自身各项优势，方能更好地为化解金融风险、维护金融稳定、服务实体经济贡献力量。

第二节　地方资产管理公司

一、地方资产管理公司的历史沿革

地方资产管理公司源于《金融企业不良资产批量转让管理办法》(财金〔2012〕6号)中允许各省级人民政府原则上设立或授权一家资产管理或经营公司的相关规定,并在后续相关政策文件的规范下逐渐发展完善。

自2012年财政部、原银监会印发《金融企业不良资产批量转让管理办法》允许各省级人民政府原则上设立或授权一家资产管理或经营公司,到2019年原银保监会办公厅《关于加强地方资产管理公司监督管理工作的通知》(银保监办发〔2019〕153号,简称"153号文")进一步完善监管框架[①],地方资产管理公司蓬勃发展,其数量已从2014年的首批5家扩展至2022年的59家。2022年3月,原银保监会正式公布了59家地方资产管理公司名单,具体如表6-2所示。

表6-2　地方资产管理公司名单

序　号	公　司　名　称
1	北京市国通资产管理有限责任公司
2	北京资产管理有限公司
3	天津津融资产管理有限公司
4	天津滨海正信资产管理有限公司

---

① 其他主要政策文件还包括原银监会《中国银监会关于地方资产管理公司开展金融企业不良资产批量收购处置业务资质认可条件等有关问题的通知》(银监发〔2013〕45号)、原银监会办公厅《关于适当调整地方资产管理公司有关政策的函》(银监办便函〔2016〕1738号)等。

续表

序号	公司名称
5	河北省资产管理有限公司
6	华融晋商资产管理股份有限公司
7	晋阳资产管理股份有限公司
8	内蒙古金融资产管理有限公司
9	内蒙古庆源绿色金融资产管理有限公司
10	辽宁资产管理有限公司
11	辽宁富安金融资产管理有限公司
12	大连国新资产管理有限责任公司
13	吉林省盛融资产管理有限责任公司
14	黑龙江省嘉实龙昇金融资产管理有限公司
15	黑龙江国瑞金融资产管理有限公司
16	上海国有资产经营有限公司
17	上海睿银盛嘉资产管理有限公司
18	江苏资产管理有限公司
19	苏州资产管理有限公司
20	浙江省浙商资产管理股份有限公司*
21	光大金瓯资产管理有限公司
22	宁波金融资产管理股份有限公司
23	安徽国厚金融资产管理有限公司
24	安徽省中安金融资产管理股份有限公司
25	福建闽投资产管理有限公司
26	厦门资产管理有限公司

续 表

序 号	公 司 名 称
27	兴业资产管理有限公司
28	江西省金融资产管理股份有限公司
29	江西瑞京金融资产管理有限公司
30	山东省金融资产管理股份有限公司
31	中信青岛资产管理有限公司
32	泰合资产管理有限公司
33	中原资产管理有限公司
34	河南资产管理有限公司
35	湖北省资产管理有限公司
36	湖北天乾资产管理有限公司
37	湖南省财信资产管理有限公司
38	长沙湘江资产管理有限公司
39	广东粤财资产管理有限公司
40	广州资产管理有限公司
41	深圳市招商平安资产管理有限责任公司
42	广西金控资产管理有限公司
43	广西广投资产管理股份有限公司
44	海南新创建资产管理股份有限公司
45	海南联合资产管理有限公司
46	华润渝康资产管理有限公司
47	重庆富城资产管理有限公司
48	四川发展资产管理有限公司

续 表

序 号	公 司 名 称
49	成都益航资产管理有限公司
50	贵州省资产管理股份有限公司
51	云南省资产管理有限公司
52	陕西金融资产管理股份有限公司
53	海德资产管理有限公司
54	甘肃资产管理有限公司
55	甘肃长达金融资产管理股份有限公司
56	昆朋资产管理股份有限公司
57	宁夏顺亿资产管理有限公司
58	宁夏金融资产管理有限公司
59	新疆金投资产管理股份有限公司

*1. 第五次全国金融工作会议明确地方资产管理公司等地方金融组织由原银保监会制定规则，地方实施监管及风险处置。根据《中国银监会关于地方资产管理公司开展金融企业不良资产批量收购处置业务资质认可条件等有关问题的通知》（银监发〔2013〕45号）有关要求，各省（区、市）人民政府设立或授权的地方资产管理公司，必须经原银保监会向金融企业公布名单后，方可开展金融企业不良资产的批量收购和处置业务。
2. 浙商资产于2022年9月完成股份制改造，公司名称变更为"浙江省浙商资产管理股份有限公司"。
资料来源：原银保监会。

二、地方资产管理公司的发展现状

目前，59家地方资产管理公司覆盖了我国各省级行政区，其分布呈现较为明显的区域特征，东南沿海地区数量相对较多（浙江省、广东省、福建省、山东省均已有3家，含计划单列市），中西部地区则相对较少。此外，各家地方资产管理公司的发展方向和经营状况也出现了较大分化，其中，不乏深度参与高风险金融机构风险化解处置的公司、省属国企系统战略性金融资产的重要持股公司、发挥全省停缓建工程处置平台作用的公司等。

其他差异还体现在历史沿革、公司规模、资本结构、股东背景等诸多方面。地方资产管理公司获银（保）监会备案批复后经营不良资产主业的时间短则半年，长则9年，更有已成立20余载的公司；注册资本仅10亿元的有十余家，也有十余家注册资本在50亿元甚至100亿元以上（图6-3）；资产负债率高至近90%，低至不到40%；有省属国企控股公司，有央企参股公司，也有民营资本、外资控制的公司等。

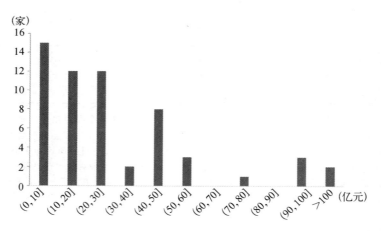

图6-3　地方资产管理公司注册资本分布（截至2021年年末）

数据来源：国家企业信用信息公示系统。

总体而言，随着银行不良贷款规模攀升，地方债务逐渐增加，地方资产管理公司快速发展，走出了差异化发展路径。不过，各家公司在防化区域风险、服务实体经济方面的战略使命是一致的。153号文指出，地方资产管理公司在处置不良资产、盘活存量资产、防范和化解金融风险、支持实体经济发展等方面发挥了积极作用。

三、地方资产管理公司的发展特征及发展方向

相比有20多年发展历史的四大金融资产管理公司，地方资产管理公司仍处于起步阶段，存在一些明显的优势与劣势。地方资产管理公司的发展优势主要在于"地方"，即地方资源优势和地方监管相对灵活性。

地方属性。地方资产管理公司立足地方，信息掌握更加充分，对于当地市场的敏锐度更高，利用当地资源更为便利。同时，与地方政府合作关系密切，能有效发挥当地政府、司法部门的协作优势，切实推动处置进程。通过获取地方支持、调动地方资源，地方资产管理公司能更好化解区域金融风险、推动区域经济转型。

监管灵活性。根据153号文，对地方资产管理公司的监管框架为：原银保监会负责制定监管规则，各省（区、市）人民政府履行监管责任，各地方金融监管部门具体负责日常监管。在这一监管框架下，当地政府监管部门有相对较大的监管自主权，地方资产管理公司在做好监管沟通的基础上，经营管理更具有灵活性。

地方资产管理公司的劣势主要在于不持有金融牌照，以及发展时间相对较短导致的经验欠缺、资源不足等，具体有如下三项。

第一，未有金融牌照，业务开展受限。地方资产管理公司仅属于"类金融企业"，实质上仍是非金融机构，在展业过程中受到诸多限制，如无法通过同业市场拆借低成本资金，在融资成本、投融资渠道等方面均处于劣势。尽管《最高人民法院关于新民间借贷司法解释适用范围问题的批复》（法释〔2020〕27号）认为，地方资产管理公司属于金融机构[1]，但具体操作中的落地情况仍有待观察。

---

[1] "经征求金融监管部门意见……地方资产管理公司等七类地方金融组织，属于经金融监管部门批准设立的金融机构"。

第二，经验相对欠缺，能力相对不足。59家地方资产管理公司中，有70%成立于2015至2017年，并有60%于2016至2018年取得原银监会备案批复，大部分地方资产管理公司经营时间与开展不良资产主业时间在五六年左右，远少于四大金融资产管理公司的20余载。因此，与四大金融资产管理公司相比，地方资产管理公司的展业经验、资产处置能力相对不足，管理经验、内部管控能力相对欠缺。

第三，规模相对较小，人力财力有限。地方资产管理公司总体资本实力相对较弱，注册资本低于50亿元的占比接近80%，低于20亿元的接近40%；员工人数少于50人的约占50%。面对一些规模相对较大的不良资产项目，显得心有余而力不足。同时，与逐渐加速进入国内的国际资产管理机构相比，地方资产管理公司在展业经验、处置能力、资金实力等方面更是相差甚远。

地方资产管理公司作为我国不良资产管理行业的新兴力量，更应当认清自身的地方属性、监管灵活性等优势与牌照差距、经验差距、规模差距等劣势，灵活适应外部环境变化，扬长避短，守正出奇，在与四大金融资产管理公司错位发展的基础上探索更加有效的协同方式，在防范化解区域金融风险、支持区域经济发展等领域更好发挥作用。

第三节　金融资产投资公司

一、金融资产投资公司的历史沿革

为推动市场化、法治化银行债权转股权健康有序开展，规范银行债转股业务行为，原银保监会于2018年6月公布《金融资产投资公司管理办法（试行）》（银保监会令2018年第4号，以下简称《AIC管理办法》）。

金融资产投资公司是指经国务院银行业监督管理机构批准，在中华人民共和国境内设立的，主要从事银行债权转股权及配套支持业务的非银行金融机构。《AIC 管理办法》提出，鼓励金融资产投资公司通过先收购银行对企业的债权，再将债权转为股权的形式实施债转股，收购价格由双方按市场化原则自主协商确定；涉及银行不良资产，可以按不良资产处置的有关规定办理；鼓励银行及时利用已计提拨备核销资产转让损失。

2018年6月24日，中国人民银行决定通过定向降准支持市场化法治化债转股和小微企业融资，并鼓励5家国有大型商业银行和12家股份制商业银行运用定向降准和从市场上募集的资金，按照市场化定价原则实施债转股项目。可见国有大型商业银行和股份制商业银行是市场化法治化债转股的主力军。事实上，当时5家国有大型商业银行已分别设立金融资产投资公司（表6-3）。

表6-3 国有大型商业银行附属金融资产投资公司概况

金融资产投资公司	主要股东	注册资本	成立日期	注册地
建信金融资产投资有限公司	建设银行	270亿元	2017-07-26	北京
农银金融资产投资有限公司	农业银行	200亿元	2017-08-01	北京
工银金融资产投资有限公司	工商银行	270亿元	2017-09-26	南京
中银金融资产投资有限公司	中国银行	145亿元	2017-11-16	北京
交银金融资产投资有限公司	交通银行	100亿元	2017-12-29	上海

注：建信投资、农银投资、工银投资、中银投资均于2021年分别由120、100、120、100亿元增资至270、200、270、145亿元。

2019年7月，国家发展和改革委员会、中国人民银行、财政部、原银保监会四部委联合发布了《2019年降低企业杠杆率工作要点》（发改财金〔2019〕1276号），提出推动金融资产投资公司发挥市场化债转股主力军作用：设立金融资产投资公司的商业银行要进一步加强行司联动，扩大金融资产投资公司编制，充实金融资产投资人才队伍，建立符合股权投资特点的绩效评价和薪酬管理体系。该文件同时提出，出台金融资产投资公司发起设立资管产品备案制度；推动符合条件的股份制商业银行单独或联合设立金融资产投资公司；鼓励外资依法合规入股金融资产投资公司等债转股实施机构；妥善解决金融资产投资公司等机构持有债转股股权风险权重较高、资本占用较多问题。

二、金融资产投资公司的发展现状

自2018年《AIC管理办法》发布以来，一系列支持金融资产投资公司发展的政策陆续出台。

2020年5月，原银保监会发布《关于金融资产投资公司开展资产管理业务有关事项的通知》（银保监发〔2020〕12号），规范金融资产投资公司资产管理业务。①具体而言，金融资产投资公司设立并担任管理人的债转股投资计划，应当主要投资于市场化债转股资产，包括以实现市场化债转股为目的的债权、可转换债券、债转股专项债券、普通股、优先股、债转优先股等资产；金融资产投资公司应当通过非公开方式向合格投资者发行债转股投资计划，并加强投资者适当性管理；自然人投资者参与认购的债转股投资计划，不得以银行不良债权为投

---

① 金融资产投资公司开展资产管理业务，是指其接受投资者委托，设立债转股投资计划并担任管理人，依照法律法规和债转股投资计划合同的约定，对受托的投资者财产进行投资和管理。

资标的；金融资产管理公司、保险资产管理机构、国有资本投资运营公司等各类市场化债转股实施机构和符合《关于鼓励相关机构参与市场化债转股的通知》（发改办财金〔2018〕1442号）规定的各类相关机构，可以在依法合规的前提下使用自有资金、合法筹集或管理的专项用于市场化债转股的资金投资债转股投资计划。

2022年6月，原银保监会印发《金融资产投资公司资本管理办法（试行）》（银保监规〔2022〕12号），加强金融资产投资公司资本监管。具体而言，从资本监管要求、风险加权资产的计量方法、并表资本监管范围、内部资本充足评估程序、监管部门职责、信息披露等方面对金融资产投资公司资本管理进行了规范。

在上述政策指导下，金融资产投资公司的业务体系逐渐成形，在两大业务类型下巩固形成了细分业务模式。一是市场化债转股业务，主要以发股还债对正常企业实施债转股为主，也包括债转股其他业务模式的实践以及针对不良企业的债转股项目的落地，具体可分为正常类市场化债转股业务、风险及不良类市场化债转股业务两类。二是债转股配套支持业务，主要涉及资金筹集等业务，具体可分为市场化债转股投资计划业务[①]、市场化债转股私募基金业务[②]两类。

2021年，除交银投资外，其余四家金融资产投资公司均进行了增资，注册资本增量在45亿元至150亿元不等，经营业绩显著提升。资产收益率（ROA）总体由1%不到提升至2%以上，净资产收益率（ROE）总体由7%左右提升至11%以上；尤其是工银投资和交银投资，实现了ROA高于5%、ROE高于20%的良好效益，见表6-4。

---

① 金融资产投资公司设立市场化债转股投资计划，接受投资人委托，并作为管理人开展市场化债转股投资。
② 由金融资产投资公司下属的私募基金管理公司作为普通合伙人，发起设立私募股权投资基金，募集社会资金，投资优质市场化债转股项目，并负责投后管理和退出。

表6-4 五家金融资产投资公司经营情况(2021年,亿元)

公司名称	注册资本	注册地	总资产	净资产	净利润	ROA	ROE
建信投资	270	北京	1,401.8	317.1	36.1	2.58%	11.4%
农银投资	200	北京	1,201.9	247.2	28.1	2.33%	11.3%
工银投资	270	南京	1,725.9	401.2	102.0	5.91%	25.4%
中银资产	145	北京	848.7	179.7	20.5	2.42%	11.4%
交银投资	100	上海	570.7	143.1	29.1	5.09%	20.3%

三、金融资产投资公司的发展特征及发展方向

金融资产投资公司虽然起步较晚,但有银行总行及监管政策支持,具有丰富的客户资源,同时专注债转股主业,逐渐建立了自身的核心竞争优势。

第一,有银行总行及监管政策支持。政策方面,《国务院关于积极稳妥降低企业杠杆率的意见》(国发〔2016〕54号)支持银行充分利用现有符合条件的所属机构,或允许申请设立符合规定的新机构开展市场化债转股;《金融资产投资公司管理办法(试行)》对商业银行作为主要股东发起设立金融资产投资公司应当符合的条件及审核流程等作出了明确规定。银行方面,金融资产投资公司作为商业银行新设从事债转股相关业务的专业子公司,得到了总行的大力支持,设立之初被赋予的使命就是推动债转股业务的开展。

第二,专注债转股主业。金融资产投资公司肩负开展市场化法治化债转股、降低企业杠杆率、提升企业经营效益的使命,成立以来一直专注市场化债转股业务。金融资产投资公司建立了管理严格、执行高效的专业投资团队,公司高管和业务骨干成员均来自银行体

系相关部门或其他市场化机构的资深专家，具有丰富的市场化法治化债转股工作经验。

第三，客户资源丰富。金融资产投资公司依托大型商业银行，大型商业银行经营稳健，拥有广泛的延伸到基层的分支机构，客户基础牢固、客户资源丰富。金融资产投资公司作为银行体系专业从事债转股业务的子公司，充分受益于总行丰富的企业客户资源，有利于其业务广泛、顺利的开展。

不过，金融资产投资公司在发展中也存在一些劣势，主要体现在业务类型和展业范围方面。

第一，业务类型相对单一。金融资产投资公司是专业化从事银行债权转股权及配套支持业务的非银行金融机构，即使是各类细分业务模式（正常类市场化债转股业务、风险及不良类市场化债转股业务、市场化债转股投资计划业务、市场化债转股私募基金业务）均围绕债转股业务展开，业务类型相对单一。

第二，展业范围相对受限。相较于四大金融资产管理公司脱胎于国有商业银行后独立运行并形成多元化的金融控股平台，金融资产投资公司仍位于国有商业银行体系内，作为从事债转股相关业务的专业子公司，其日常经营管理尤其是展业范围受银行影响较大，业务来源以银行客户为主，展业范围相对受限。

金融资产投资公司作为债转股专业机构，为发挥更好服务功能，应进一步加强资本管理，提升内部管理水平；同时，进一步拓宽融资渠道，深度参与标的公司治理，规范开展市场化、法治化债转股业务，增强服务实体经济能力。政策上也需持续加大支持力度，完善资本补充机制和股权退出机制，更好促进金融资产投资公司发展。

第四节 非持牌投资者

我国不良资产市场的非持牌投资者主要包括国内民间投资者和国际资产管理机构。

一、民间投资者

民间投资者不持有资产管理公司牌照，可向五大金融资产管理公司和地方资产管理公司购买或直接向银行购买（非批量）不良资产。从主体类型来看，民间投资者既有企业法人，也有自然人。

企业投资者主要包括非持牌资产管理公司（投资管理企业）、私募股权投资公司等。此外，许多房地产公司也积极参与，凭借自身专业能力介入房地产类不良资产的交易，在其中扮演类似产业投资人的角色。以上企业投资者在活跃交易市场、在提升终端资产处置等方面也作出了重大贡献。

自然人投资者大多资金实力雄厚、具有较为广泛的社会资源、对不良资产市场有一定了解，但其参与不良资产市场的主体身份受到政策限制。根据相关规定，国家公务员、金融监管机构工作人员、政法干警、资产管理公司工作人员、国有企业债务人管理层以及参与资产处置工作的律师、会计师、评估师等中介机构人员等关联人，不得购买或变相购买不良资产，资产管理公司不得向其转让不良资产；资产管理公司在处置公告中有义务提示以上人员不得购买资产。①

民间投资者的数量难以精确统计，根据浙商资产研究院数据，

---

① 《财政部关于进一步规范金融资产管理公司不良债权转让有关问题的通知》（财金〔2005〕74号）、《金融资产管理公司资产处置管理办法（修订）》（财金〔2008〕85号）。

2019—2021年非持牌机构每年从二级市场收购不良资产的规模均可达到2,000亿元左右，占成交总额的70%以上，在推动完善不良资产市场、优化价格发现机制、提高处置效率、出清不良资产风险等方面发挥了重要作用。

二、国际资产管理机构

国际资产管理机构一直是我国不良资产管理行业的重要参与者。

在中国加入世界贸易组织之初，国际资产管理机构就开始进入中国不良资产市场，当时的参与主体主要是投资银行。2001年，华融资产将总额108亿元的不良资产进行拍卖，开创了中国不良资产对外打包处置的先河。在聚集了高盛、花旗等国际知名投资银行的竞拍机构中，以摩根士丹利牵头，由雷曼兄弟、所罗门美邦、KTH资本管理公司组成的联合投标团竞标成功。此后，高盛也陆续从长城资产、华融资产收购了多个不良资产包，并与信达资产成立了首个不良资产处置合资公司。外资的早期参与为我国不良资产管理行业发展带来了宝贵的经验。

2008年，国际金融危机爆发，国际资产管理机构在中国不良资产市场的参与度有所下降。2015年，中国不良贷款率攀升，国际资产管理机构对中国市场的兴趣再度上升，除投资银行以外，一些知名对冲基金也参与其中。当前，中国不良市场上的国际资产管理机构主要包括高盛集团（Goldman Sachs）、橡树资本（Oaktree Capital）、黑石集团（Blackstone）、贝恩资本（Bain Capital）等。

国际资产管理机构主要偏好本金规模较大的资产包，从持牌资产管理公司收购不良资产包并进行处置后获利，具体往往以离岸形式进行操作，主要参与长三角、珠三角等东南沿海地区的不良资产市场。

随着区域经济发展出现轮动态势，国际资产管理机构也逐渐进入我国内陆开展不良资产业务。

2019年12月，原银保监会发布《关于推动银行业和保险业高质量发展的指导意见》（银保监发〔2019〕52号），提出"吸引……不良资产处置……等领域的外资金融机构进入境内市场"。2020年1月，中美政府签订第一阶段经贸协议，约定省级资产管理公司牌照对外资开放，美国金融服务提供者可直接从中资银行收购不良贷款。

2021年4月，中国人民银行、原银保监会、证监会、外汇局四部委发布《关于金融支持海南全面深化改革开放的意见》（银发〔2021〕84号），提出"支持海南引进外资，参股地方性资产管理公司"。

未来，国际资产管理机构将进一步参与我国不良资产市场。外资加速进场，能助推我国不良资产管理行业发展持续走向规范化、标准化，对行业而言，机遇大于挑战。

第五节　各类主体对比

一、业务定位

2000年，为了规范金融资产管理公司的活动，依法处理国有银行不良贷款，促进国有银行和国有企业的改革和发展，国务院公布了《金融资产管理公司条例》（国务院令2000年第297号，以下简称《条例》）。《条例》指出，金融资产管理公司，是指经国务院决定设立的收购国有银行不良贷款，管理和处置因收购国有银行不良贷款形成的资产的国有独资非银行金融机构。可见，金融资产管理公司的定位在当时主要有两个方面：一是收购国有银行不良贷款，二是管理和处置因收购国有银行不良贷款形成的资产。这两个方面的定位是相辅相成的。一方面,成立专门机构收购商业银行不良贷款,是国际上普遍实行的降低银行不良贷款率的有效方式,金融资产管理公司对商业银行剥离的不良贷款进行收购处置,可以帮助其降低不良贷款率、夯实资产质量;另一方面,对受让的不良贷款有效管理和处置,可以最大限度地减少社会损失、降低风险,实现成立金融资产管理公司的初心。

2011年第四季度起,全国商业银行不良贷款余额和不良贷款率止降反升,并出现双升趋势。在这一时期,区域性风险也逐渐显现。中国人民银行在《2011年第四季度中国货币政策执行报告》中首次提出,加强系统性、区域性风险防范,守住不发生区域性系统性风险的底线。2012年2月,财政部、原银监会印发《金融企业不良资产批量转让管理办法》(财金〔2012〕6号),规定各省级人民政府原则上只可设立或授权一家资产管理或经营公司,参与本省(区、市)范围内不良资产的批量转让工作。可以看出,地方资产管理公司的定位主要是盘活地方不良资产、防范和化解区域金融风险、服务实体经济,重点在于防化全国各地区不同程度的金融风险。原银保监会办公厅《关于加强地方资产管理公司监督管理工作的通知》(银保监办发〔2019〕153号)指出,近年来,随着银行不良贷款规模攀升、地方债务逐渐增加,地方资产管理公司快速发展,在处置不良资产、盘活存量资产、防范和化解金融风险、支持实体经济发展等方面发挥了积极作用。

为推动市场化、法治化银行债转股健康有序开展,规范银行债转股业务行为,原银保监会于2018年6月发布《金融资产投资公司管理办法(试行)》。金融资产投资公司是指经国务院银行业监督管理机构批准，在中华人民共和国境内设立的，主要从事银行债权转股权及配套支持业务的非银行金融机构，即其定位为支持市场化、法治化银行债转股行为，从事银行债权转股权及配套支持业务。

二、主体性质

金融资产管理公司属于非银行金融机构，受《中国银保监会非银行金融机构行政许可事项实施办法》（银保监会令2020年第6号）、《银行保险机构许可证管理办法》（银保监会令2021年第3号）等制度规范，可以发行金融债券、同业拆借和向其他金融机构进行商业融资。

金融资产投资公司属于非银行金融机构，受《银行保险机构许可证管理办法》等制度规范，同样可以发行金融债券，通过债券回购、同业拆借、同业借款等方式融入资金，并对自营资金和募集资金进行必要的投资管理，自营资金可以开展存放同业、拆放同业、购买国债或其他固定收益类证券等业务。

地方资产管理公司尽管由原银保监会授予相应业务资质，但并不持有金融牌照，属于类金融企业，实质上仍是非金融机构，在展业过程中受到诸多限制，如无法通过同业市场拆借低成本资金，在融资成本、投融资渠道等方面均处于劣势。尽管最高人民法院《关于新民间借贷司法解释适用范围问题的批复》（法释〔2020〕27号）认为地方资产管理公司属于金融机构[①]，但具体操作中的落地情况仍有待观察。2021年12月31日，中国人民银行就《地方金融监督管理条例（草案征求意见稿）》公开征求意见，规定地方金融组织包括依法设立的地方资产管理公司等

---

① "经征求金融监管部门意见……地方资产管理公司……等七类地方金融组织，属于经金融监管部门批准设立的金融机构。"

从事地方金融业务的机构。

非持牌投资者则不具有批量收购金融不良资产的资质，大都属于普通工商类企业或者自然人，国内投资者以非金融机构为主，国外投资人以国际资产管理机构为主。

三、展业区域

五大金融资产管理公司和金融资产投资公司的牌照业务范围不受区域限制，即属于全国牌照。具体而言，五大金融资产管理公司在全国范围内的不良资产业务主要通过其各省级分公司开展，一家省级分公司的人数集中在50—100人区间。

地方资产管理公司批量收购金融不良资产的资质限于本省（区、市）级行政区内，一方面为了贯彻地方资产管理公司防范化解区域金融风险的定位，并防止出现区域展业乱象，另一方面有利于引导地方资产管理公司聚焦地方市场，有效发挥其在当地的资源优势。地方资产管理公司在省外区域的业务资质与非持牌投资者无异，不过近年来部分地方资产管理公司走向省外、将成熟的业务能力对外输出的举措，有效助力了当地化解区域风险，取得了良好效果。

包括民间投资者和国际资产管理机构在内的非持牌投资者，没有开展不良资产业务的特殊资质，也就没有类似前述展业区域的概念。民间投资者一般在当地非批量收购不良资产，也有自行或者跟随地方资产管理公司走出省外的民间投资者，项目规模以百万、千万级别为主。国际资产管理机构则一般偏好一二线城市核心区域的优质资产，项目规模以亿级甚至十亿级为主。① 各类核心管理者的对比如表6-5所示。

---

① 除银河资产于2021年开业以外。

表6-5 各类核心管理者（投资商）对比

对比特征	五大金融资产管理公司	地方资产管理公司	金融资产投资公司	民间投资者	国际资管机构
主体性质	中央金融企业	地方国企为主	银行子公司	私营企业	境外机构
体制机制	传统央企机制	机制较为灵活	银行体系机制	体制机制灵活	国际机构模式
牌照范围	全国	省级行政区	债转股业务	无	无
经营历史	20余年[①]	不到10年	不到5年	历史较久	历史悠久
政策支持	支持力度大	支持力度较大	支持力度大	支持力度较弱	支持力度较弱
资金实力	强	较强	强	较弱	强
融资渠道	多	较少	较多	少	多
金融资源	众多金融牌照	地方金融资源	银行母公司	民间金融资源	国际金融资源
产业资源	历史积累较多	较少	银行积累较多	民间产业资源	历史积累较多
地方资源	较弱	强	较弱	较强	弱
总体定位	防化系统风险	防化区域风险	债转股式处置	盘活民间资源	引入国际资源

本 章 小 结

我国不良资产市场的核心管理者（投资商），主要有五大金融资产管理公司、地方资产管理公司、金融资产投资公司、非持牌投资者（民间投资者和国际资产管理机构）等。

五大金融资产管理公司除银河资产外，均已有20余载历史，经历了政策性业务、商业化转型、全面商业化等发展阶段，逐步发展成为商业化经营的金融集团，除不良资产经营以外，还拥有银行、保险、券商、期货、信托、公募基金、金融租赁等金融牌照。其发展的优势与劣势与其历史沿革、央企身份、多元化金融集团的背景密切相关。未来，应做精不良资产主业，更好地为化解金融风险、维护金融稳定、服务实体经济贡献力量。但是，监管层正在收缩五大金融资产管理公司的经营范围，未来将更加聚焦不良资产领域，围绕不良资产提供综合金融服务。

地方资产管理公司作为我国不良资产管理行业的新兴力量，更应当认清自身的优势与劣势，灵活适应外部环境变化，扬长避短、守正出新，在与金融资产管理公司错位发展的基础上探索更加有效的协同方式，在防范化解区域金融风险、支持区域经济发展等领域更好发挥作用。

金融资产投资公司作为债转股专业机构，已成为市场化法治化债转股的主力军。为更好服务功能发挥，应进一步加强资本管理，提升内部管理水平；同时，进一步拓宽融资渠道，深度参与标的公司治理，规范开展市场化、法治化债转股业务，增强服务实体经济能力。政策上也需持续加大支持力度，完善资本补充机制和股权退出机制，更好促进金融资产投资公司发展。

非持牌投资者主要包括国内民间投资者和国际资产管理机构。民间投资者不持有资产管理公司牌照，但是具有较为强势的本地资源，因为能够与主流投资机构形成良好的上下游互动关系，是重要的合作伙伴。国际资产管理机构一直是我国不良资产管理行业的重要参与者，主要参与优质资产的承接和盘活业务，为我国不良资产管理行业发展带来外部资金支持与经验借鉴,未来将进一步参与我国不良资产市场。

本章重要术语

金融资产投资公司　非持牌投资者

复习思考题

1. 五大金融资产管理公司的发展优势与劣势主要有哪些?
2. 地方资产管理公司的发展优势与劣势主要有哪些?
3. 金融资产投资公司的发展优势与劣势主要有哪些?
4. 非持牌投资者主要包括哪些类型?

第七章

辅助管理者：服务商

伴随不良资产处置的正规化、分工的细致化,服务商在不良资产投资咨询、项目前期考察、评估及收购所需信息的搜集与整理,项目中期优化方案、具体处置的措施提供,以及项目后期整体资产的再处置及再回收、催收过程中逐渐扮演越来越重要的角色。

不良资产市场主要参与主体除银行、非银行金融机构、非金融机构等供给方与全国性金融资产管理公司和地方资产管理公司、金融资产投资公司、非持牌机构等不良资产购买方及投资方以外，还有各类中介机构，如律师事务所、会计师事务所、资产评估机构、拍卖机构、咨询机构、信息科技企业等。这些行业中介机构一般提供不良资产市场的尽职调查、信用评估、交易撮合、资产处置等服务，在细分市场或专业领域提供特色服务，具有独特的市场需求和竞争优势。这些行业中介机构一般称为服务商，具体而言可以分为四类：处置服务商、专业服务商、交易服务商和综合服务商。处置服务商致力于清收处置，实现资产价值；专业服务商主要负责信息和资源挖掘，降低处置成本以及明确资产价值；交易服务商增强了不良资产流动性，提高资产定价效率；综合服务商则以多种服务能力为基础，为客户提供多方位定制化服务。四类机构各司其职，在不良资产管理领域发挥各自的特有作用，共同实现各类资源的高效运转，提升了不良资产处置价值和不良资产市场整体运作效率。

第一节 处置服务商

不良资产处置服务商，是指为不良资产的所有者或投资者提供咨询、尽调、管理等处置服务的专业机构。处置服务商一般不进行出资，只提供各类服务，很少享有资本增值的回报，较少承担资本亏损的风险。在业务实践中，投资人往往希望以服务商跟投的方式或低基本管理费用、高比例提成和超额分成的方式进行利益绑定，共担风险。

一、处置服务商简介

随着不良资产市场投资主体的多元化及市场竞争不断加剧，商业银行、资产管理公司及其他市场参与者为了实现"又好又快"的不良资产处置目标需要借力于处置服务商。处置服务商类似于建设工程中的总承包商，是一个复合型的角色，在处置过程中需要运用商业思维协助投资者实现目标，因此，对于沟通、协调、管理等方面的能力有着较高的要求。处置服务商在团队人员配备上应相对完善，比如，应分别擅长尽职调查、估值定价、资产包管理、数据收集、诉讼执行等等，从而避免单一化、同质化的组合。

处置服务商成员往往来自银行、金融资产管理公司、投行、律所、评估机构、房产交易机构、司法机关等，他们不仅拥有广泛的社会资源，也善于使用资本运作手段，而且有顺畅的信息渠道，与相关金融机构及不良资产生态圈的其他参与者具有良好的沟通协调能力，具备较强的资源整合技巧、项目终端处置能力和不良资产营销技巧。

处置服务商可以为投资人及资产所有方提供资产管理、尽职调查、估值定价、数据收集、财产发掘、律所及处置人员选聘、诉讼执行、处置方案制定、资产营销、交易策划等等。这些也正是农商行、城商行等中小金融机构的现实性需求，不良资产处置服务商在一定程度上可以满足其处置需求，协助这些机构管理或处置不良资产。

处置服务商根据投资者的需求、偏好、风险承受能力和投资规模等，在一、二级市场中收集信息，挑选具有投资价值的项目，与转让方沟通谈判，并对标的进行尽调、估值，设计交易结构和竞买策略，促成投资者获取项目，之后围绕项目的投资回报目标和投资周期要求，勤勉尽职地对项目进行（再）尽调、管理和处置，帮助投资者实现资产处置投资预期，最终实现顺利退出。

二、处置服务商的能力

优秀的处置服务商需要具备足够的专业技能和信息搜集能力去应对不良资产处置中的各种问题。一般来说，包括资产管理能力、尽职调查能力、招商及处置能力等。

（一）较强的资产管理能力

一些不良资产服务商在长期为民营投资人和外资机构提供资产管理服务中积累了丰富的经验，如抵债资产管理、档案管理、债权资产的维护管理（如时效、诉讼、执行等，防止失权）。实力较大的服务商管理的资产规模达数百亿元，并且购入或研发了专门的不良资产管理系统，对不良资产进行科学化管理，进行科技赋能，实现了时效节点、诉讼节点、清收节点等的实时提醒，并对清收进度和成效进行系统图表管理，直观地了解整个清收进程和回款情况。

（二）专业的尽职调查能力

尽职调查是发现项目价值、识别风险、确定处置方案的前提，是任何一个处置服务商的基础工作之一。长期的尽职调查工作，使得服务商积累了丰富的经验和独到的工作方式，同时将互联网技术引入尽职调查中，可以从浩繁的公开信息中分析出债务人潜在的财产线索，从而实现债权回收。

（三）较强的招商及处置能力

不良资产处置服务商在市场的不断变化中能够存活并发展，依靠的是较强的处置能力，能够追回逾期款项，将抵押物等招商变现，采取各种手段，包括但不限于和解、转让、抵债、强制执行、拍卖、破产清算、债转股、重组等，快速处置资产以实现债权变现。有实力的处置服务商往往掌握潜在投资人资源，能加快实现债权变现。

三、处置服务商的作用

近年来，我国商业银行及资产管理公司在剥离不良资产过程中纷纷尝试与经验丰富的不良资产服务商合作，资产管理公司委托处置服务商从全局把握整个不良资产项目的情况，从而使不良资产回收利益最大化。伴随不良资产处置的正规化、分工的细致化，服务商在不良资产投资咨询、项目前期考察、评估及收购所需信息的搜集与整理，项目中期优化方案、具体处置的措施提供，以及项目后期整体资产的再处置及再回收、催收过程中逐渐扮演越来越重要的角色。

（一）统筹安排及开展不良资产包内各独立项目处置及回收工作

一个不良资产包往往包含众多独立案件，服务商区别于各案代理律师及法律顾问，处于更高一层的位置来统领全局，就不良资产包内各单独项目进行轻重缓急、重点及非重点等分类，有节奏、有计划地开展工作，能够保障一个庞大的不良资产包有条不紊的运行，从而保证整体项目的回收比率。同时，服务商按照各案特点安排甄选代理律师，推进各案代理进程且监督各案代理律师工作，并根据代理律师反馈的各案进程进行专业化的分析并上报给客户。因此，服务商上报给客户的意见是着眼全局、专业、成熟的意见，对于客户来说更具重要价值。

（二）提升市场专业化水平与市场效率

信息的对称性、及时性及准确性在不良资产市场中发挥着举足轻重的作用。不良资产的处置在过去的数年中一直在信息极其不对称的情况下进行，对于项目回款十分不利。处置服务商恰恰拥有丰富的资产及相关信息，结合其多年来从事不良资产服务的专业化工作经验，通过多样化的处置方案使不良资产处置活跃起来，并能够通过对比筛选出最佳的处置方案，这样就可以有效地提升市场效率。

（三）综合能力较强可为项目运营提供能力支撑

服务商团队不仅拥有高素质、经验丰富的诉讼案件代理律师及相关的法律人才，同时拥有会计、证券、信托等各类人才团队，其根据不良资产包内各单独项目所处的阶段及接下来可能面临的法律问题、政策问题等进行专业的分析，就各案债务人及担保情况进行详尽、细致的尽职调查，运用大量的事实数据并充分考虑现行国内法律法规及司法实践中可能遇到的困难，在此基础上作出整个不良资产包的综合评估及预期收益报告，使客户对于整个不良资产包最终的收益做到心中有数。同时，服务商团队经过多年的积累拥有多方面的投资人脉资源，在不良资产的处置及清收阶段能够为项目寻找到更为优质的处置方案，从而实现资产处置收益最大化。

（四）能够处理资产处置中的难点问题

各案的代理律师或法律顾问单纯从法律角度出发，针对各案的诉讼或者执行进程提出意见或建议，但不良资产包的运作是一个极其复杂的过程，除了需要面临正在进行的诉讼或执行程序外，还经常会遇到政府行政层面的问题。比如各案的抵押物可能是政府划拨土地，可能抵押物为地上建筑物，可能面临政府行政拆迁，或者不良资产项目涉及外资的渗入需要外汇管理局的审批等。众多问题的出现仅依靠律师或者法律顾问的力量是难以应付和解决的。经验丰富的服务商拥有广泛的社会关系，在不良资产项目遇到各类问题时能够第一时间作出反应并向客户提供最行之有效的解决方案，利用其广泛的社会关系寻找到问题的突破口，从而保障不良资产项目所在权益不被侵害，保证不良资产项目的预期收益。

（五）弥补部分金融机构不良资产管理能力偏弱的情况

农商行、城商行等中小银行专业的资产处置人员不足，总体上专业能力相对较弱，而处置服务商则可以与律所结合，处置疑难复杂案件，运用完善的尽调工具，丰富的尽调经验，专注于不良资产的处置及财产线索的挖掘。服务商与银行内的专业团队形成互补，让专业的人做专业的事，使客户经理、支行行长有更多的时间从事揽储、放贷等创造利润的工作，为银行赚取更多的利润，形成良性循环。

综上所述，处置服务商在目前的不良资产市场已经不再是一个可有可无的角色，它们的存在使不良资产市场向着健康、有序的态势发展，并在不良资产的运作过程中发挥着越来越重要的作用。

第二节 专业服务商

不良资产市场参与者众多，但由于不良资产市场的政策性，法律关系、财务情况及资产评估的复杂性，各个参与者都离不开律师、会计、评估等专业服务机构，这些机构成为该市场不可或缺的角色，成为不良资产管理领域的专业服务商。

一、专业服务商简介

由于不良资产存在区域性强、产业链长、专业化程度高、清收处置难等特点，行业具有一定进入门槛，对从业人员的专业技能、知识储备、业务经验均提出了较高的要求。然而，因为不良资产行业的复杂性，能真正了解和掌握资产管理业务"全套功夫"的从业人员数量较少，尤其是法律、会计、评估等方面复合型金融专业人才的缺乏，导致商业银行和资产管理公司在不良资产处置中需要借助以律师事务所、会计师事务所、资产评估机构等为代表的专业服务商的力量。

专业服务商为行业提供法律、财务、评估、咨询等服务，凭借其自身的专业能力形成竞争优势，已逐渐成为我国不良资产行业不可或缺的重要部分。近年来，不良资产行业业务规模的快速发展，客户及业务信息链条日趋复杂，在不良资产处置过程中，信息不对称的问题被逐渐放大。因此，要充分发挥市场各类主体的作用，尤其是充分发挥律师事务所、会计师事务所、资产评估机构等专业服务商的能力优势，帮助投资者识别财务和法律风险、评估资产价值、设计处置方案等。

2022年11月，中国人民银行、原银保监会联合下发《关于做好当前金融支持房地产市场平稳健康发展工作的通知》，首次提出鼓励资产管理公司与律师事务所、会计师事务所等第三方机构开展合作，推动加快资产处置。从行业发展的角度来看，风险化解仅仅靠资产管理公司是不够的，需要有一个生态圈、一个行业链条，聚合各方的资源和能力，从而共同服务于风险化解的使命。因此，协作化、协同化将成为不良资产行业发展的必然趋势，这无疑要求资产管理公司须具备协同思维和对专业服务商的整合能力，从中获得协同效益，进而提升资产处置的效率。

二、专业服务商的分类

（一）律师事务所

1. 律师事务所视角中不良资产市场的特点

从律师的视角来看，不良资产市场有三大特点：政策性强、尚未完全市场化、技术密集。

（1）政策性强。不良资产市场具有较强的政策性，导致简单法律关系的复杂化，法律适用上的不确定性增加，处置过程中的各种政策因素和法律适用性上的问题层出不穷。比如资产包收购过程中的国有企业债务人的优先购买权问题，外资购买不良债权的备案问题等。

（2）尚未完全市场化。不良资产市场目前还未完全市场化，导致行业交易受到限制，不良资产的定价机制难以形成，也使不良资产高收益、高风险特征明显。在这种情况下，信息的不对称，使不良资产的自由流转成为难题，大量不良资产通过诉讼、执行清收变现成为唯一解决之道。在该种市场状况下，律师作为法律专业人士，可以利用自身的身份了解资产的状况，查找财产线索；同时，可以深入分析案件的法律关系。律师具备的诉讼经验和优势，可以在资产处置中发挥较为关键的作用。因此，律师在不良资产行业中扮演了极为重要的角色。

（3）技术密集。不良资产市场是技术密集型市场，其中最核心的技术就是对不良资产的法律评估和变现的技术。这一技术在过去就是诉讼经验和能力的体现，从传统律师服务角度来说，律师可以参与不良资产包收购和转让过程中的尽职调查，并出具法律意见书。后期可以参与资产包中债权清收的诉讼、执行，以及资产的评估、拍卖，这些已经成为从事不良资产行业律师的基本要求，是律师为客户提供法律服务的主要方式。

2. 律师事务所承接的事务

一般来说，律师事务所日常事务类型较多，在不良资产处置类事务中，主要有如下类型。

（1）法律尽职调查。调查不良资产处置进程；调查不良资产所涉担保物情况；调查不良资产所涉债务人资信情况。

（2）不良资产收购法律服务。协助客户制定不良资产投资与融资方案；协助客户进行不良资产投资与融资谈判；起草审核不良资产投资与融资法律文件。

（3）不良资产处置法律服务。协助客户制定不良资产处置整体方案；协助客户以重组或债转股等非诉讼途径处置不良资产；协助客户以司法途径处置不良资产。

（4）破产重整投资法律服务。协助客户制定破产重整投资方案；协助客户与管理人及债务人谈判；起草审核破产重整投资法律文件。

（5）不良资产投资主体设立等相关法律服务。设立不良资产投资有限责任公司全流程法律服务；设立不良资产投资有限合伙企业全流程法律服务；不良资产投资主体设立后的常年或专项法律顾问。

3. 律师事务所的客户主体

（1）人民法院。律所接受人民法院指定，担任破产企业管理人，主持债务人破产清算、重整、和解工作；受人民法院指定为清算组，主持公司强制清算工作；接受相关方委托，处理与解散、破产等相关的各类诉讼、仲裁。

（2）破产管理人。接受破产管理人或清算组的再委托，担任法律顾问，为管理人或清算组提供专项法律服务；接受境外破产管理人委托，代表其向人民法院申请承认外国破产管理人身份等，接管位于中国境内的资产。

（3）债务人。在破产重整程序中，为在管理人的监督下自行管理财产和营业事务的债务人提供法律顾问服务。

（4）债权人。接受境内外债权人委托，代表债权人参加破产清算、破产重整、自行清算、强制清算等程序，维护债权人合法权益。

（5）股东。接受股东委托，代表股东参加被投资企业的破产清算、重组、解散清算、强制清算等程序，维护股东的合法权益。

（6）投资者。接受投资者委托，协助其选择投资对象，代表投资者参与收购破产、重组企业；接受境外投资人委托，为其解散和清算境内投资实体提供法律服务。

（7）金融监管部门。接受金融监管部门委托，组织实施问题金融机构的托管、清理和关闭。

（8）跨国客户。接受境内外主体委托，作为委托企业的股东或债权人代表其参与境内外的不良资产收购处置，或作为投资人代表开展境内外困境企业收购及破产重整等工作。

（9）研究机构。与国际组织、行业协会、学术团体等合作进行不良资产收购处置以及破产与重组等领域课题的研究。

4. 案例：中伦律所助力信达完成广州中岱广场不良地产项目重组

中岱广场（图7-1）系广州新CBD（Central Business District，中

图7-1　中岱广场项目成果图

来源：中伦律师事务所官网。

央商务区）——琶洲会展区的地标建筑，市场估值超过40亿元，因涉及工程款诉讼、股东争议、民间借贷等纠纷，各方权利义务关系错综复杂，停工至今超过十年，成为著名的烂尾楼。

中伦律所担任此次重大不良地产项目重组的专项法律顾问，协助完成包括破产和解、股东减资退出、执行和解、股权转让、抵押/质押等一系列交易安排，成功化解债务危机和项目权利限制，超预期进度实现成功重组。

（二）会计师事务所

目前，国内与不良资产相关的债务企业及抵押物的财务等多维信息的获取难度较大，且真实性也难以甄别，使得一般的尽职调查不能够完全反映真实信息。而会计师事务所的参与，能够更加专业地判别目标公司的财务信息，降低因信息不对称造成错误判别的可能性，有利于资产出售方内部的风险识别和管理，同时提高了买卖双方对不良资产的谈判、协商效率。作为不良资产处置专业服务商，会计师事务所一般可以提供诸多服务，以下举例4种服务模式。

1. 财务重组方案

会计师事务所为经营不善或出现财务困难的公司及其利益相关者提供综合全面的服务，为希望解除或合理化双方关系的公司与债权人提供债务重组解决方案。服务包括进行独立财务分析，向债权人提供建议，为债务人与债权人之间的谈判提供支持，协助处置非核心资产或投资，以及协助制定商业计划和寻求新的资本，以促使企业向前发展。或者能够运用综合的方法对经营不善的集团或因快速发展而财务紧张的企业进行评阅，旨在降低其财务及经营成本，同时提高其效率并增强其融资能力。

2. 借贷人解决方案

会计师事务所在整个信贷管理周期中可提供广泛而深入的服务：

（1）协助对潜在客户进行初步筛选，并在贷款申请过程中协助借贷双方进行初步商业接洽；

（2）在贷款人向客户/被投资方承诺提供或增加授信额度前，对该企业进行持续经营能力及信用评级的调查；

（3）协助借贷双方就发放贷款的主要合同条款达成一致进行协商；就相关交易的跨境事宜及税务筹划机会提供咨询；

（4）依据贷款协议，协助核查信贷资金的到位情况和贷款审批条件的落实情况；

（5）协助监管信贷资金的利用情况；依据对借款方的独立财务调查结果，向贷款方提供客观意见；

（6）向有需要进行业务重组、退出投资或借贷关系的客户提供债务重组解决方案；协助提供关于处置不良资产的企业重组方案及策略。

3. 破产清算方案

会计师事务所为无法继续经营的公司提供破产解决方案。所提供的服务包括：破产清算、债权人自愿清盘、股东自愿清盘、接管人服务、个人破产等。

4. 企业重组咨询

会计师事务所在企业无法履行近期义务、短中期内有违约或失败风险的情况下，提供独特的端到端解决方案：

（1）从财务、现金以及运作方面稳定业务经营；

（2）识别以及管理关键利益相关者；

（3）理解企业面临的关键财务和运营问题；

（4）设计一个银行债权人愿意接受的调整方案；

（5）若首选方案未成功时，有一个可行的应变方案；

（6）实施业绩改善方案。

（三）资产评估机构

由于不良资产处置回收周期长，回收存在不确定性，一般的资产定价方式存在操作上的难度。而资产评估机构是专业且独立的专业服务商，对不良资产的不同类型进行专业的评估和判断，通过综合考虑、认定处置方案与资产内在价值的关系，可以较准确地判断资产的回收价值，供市场参与者在各式情景下作参考。

1. 资产评估机构提供的服务

不良资产评估一般是资产评估机构的重要业务之一，但相较于律所和会计师事务所的侧重有所不同。律师事务所专注于法律服务的全流程跟踪，会计师事务所集中于会计处理和信息审计，而资产评估机构在资产的评估方法和效率方面更有经验。资产评估机构的业务领域界面如图7-2所示。

图7-2　资产评估机构不良资产评估业务

来源：某资产评估机构官网。

2. 资产评估机构所提供的服务及流程

（1）接触阶段：评估机构与委托方及相关当事方接触，明确评估基本事项；

（2）委托阶段：签订委托协议即《业务约定书》；

（3）布置阶段：评估项目组（经理）进行评估布置工作，要求被评估单位及相关当事方做好评估准备工作；

（4）准备阶段：被评估单位及相关当事方按照评估机构的要求做好评估准备工作，同时做好自查工作；

（5）现场阶段：评估机构进驻被评估单位进行尽职调查和资产清查工作；

（6）评估阶段：评估机构进行市场调查，选取案例、参数，进行评定估算工作；

（7）审核阶段：评估项目组将评估报告进行内部三级审核；

（8）沟通阶段：评估机构将审核通过的评估报告提交给委托方或者委托方许可的相关当事方进行沟通；

（9）报告阶段：评估机构将评估报告提交给委托方；

（10）备案（核准）阶段：如果涉及国有资产，则配合委托方进行国资备案（核准）工作；

（11）归档阶段：将工作底稿连同评估报告一起归档。

三、专业服务商的作用

在不同的不良资产的处置过程中，律师、会计师和资产评估师的重要作用不言而喻。他们充当了资产处置业务中的"雇佣兵"，既有各司其职、单打独斗的业务能力，又有相互合作、协同互补的关系，共同实现不良资产的定价、处置、交易等流程。

（一）律师事务所

从律师事务所的作用角度来看，不良资产自身存在一定的法律瑕疵，如交易主体众多，容易引起各类复杂纠纷等，都成为各方参与者交易过程中的壁垒，而拥有专业经验的律师更能从专业角度，更有针对性地处理相关法律问题，从而提前预判相关风险。近年来，律师的角色逐渐从提供诉讼服务转变为不良资产处置产品的共同研发者，从产品设计、交易架构的设立、发行规则及后期的管理处置等多方面、各阶段提供专业的法律支持和服务。

（二）会计师事务所

从会计师事务所的作用角度来看，目前国内大量的中小民营企业的历史财务数据存在一定的粉饰现象，难以察觉的关联交易也使得商业背景调查出现困难。因此，一般商业性金融机构在放贷过程中的尽职调查工作较难保证足够的信息和真实性。而会计师事务所的参与，能够更加专业地判别目标公司的财务信息，降低因信息不对称造成错误判别的可能性，有利于资产出售方内部的风险识别和管理，同时提高了买卖双方对不良资产的谈判、协商效率。同时，会计师事务所也会承担财务顾问和交易顾问的职能，独立、公正地对不良资产进行全面的了解识别，并综合律师、评估报告的意见以及特定处置方案，公允地给出目标资产的市场价值预测，解决博弈各方信息不对称问题。值得一提的是，会计师事务所会尽力促成买卖双方的合作与协商，通过对市场信息的获取与判断，提供更加合理而真实的数据来减少买卖双方主观因素带来的不利影响。

（三）资产评估机构

从评估机构的作用角度来看，不良资产处置回收情况复杂，特别是其担保方式多样化的特征，导致未来现金流金额及时间的不确定性较大。资产评估机构是专业且独立的中介机构，其对某些不良资产类型有专业的认识和判断，通过全面处理信息，认定处置方案与资产内在价值的关系，可以较准确地判断资产的回收价值，供市场参与者在各式情景下作参考。

不良资产专业服务商应该各司其职，秉持公正、公平、客观的态度，从各个角度推动不良资产交易的达成，提高不良资产流通服务的可获得性，降低交易市场的信息不对称，提高资金配置效率，使买卖双方能够在更加公正、透明的信息平台上进行转让交易。律师事务所、会计师事务所和资产评估机构发掘不良资产处置所需的各类信息和资源，提升不良资产质量或处置价值，保障资产的价值实现，使得各类不良资产得到最合适的处理方式。

第三节 交易服务商

交易服务商是指发布资产标的信息、撮合交易的交易平台。交易服务商根据运营方式的不同可分为线下交易服务商和线上交易服务商。线下交易服务商的典型代表为实体拍卖行，一般采用传统"招拍挂"的形式进行交易撮合。线上交易平台则指能够独立提供互联网交易服务的服务商，可分为官方指定平台和非官方平台。其中，部分线上交易服务商拥有独立的交易系统和结算系统，以保障交易的稳定性和安全性。

一、交易服务商简介

交易服务商可以是一级市场中不良资产供给方和资产管理公司对接的平台，也可以是二级市场的信息披露和展示平台，将信息提供给更多的需求方，从而撮合交易的完成。交易服务商可以通过提供信息和专业服务相结合的方式，及时有效地发布不良资产详细状况、交易价格、交易要求等各类信息，为不良资产的信息咨询、交易撮合、供需匹配、供需对接、资源配置、政策咨询等信息服务奠定基础。交易平台的地位如图7-3所示。

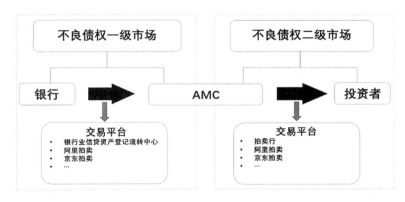

图7-3 不良债权市场及参与者

来源：浙商资产。

传统交易服务商主要通过线下的方式进行资产展示、资产推介等环节，从而促成不良资产的交易，也就是通过"招拍挂"的形式为不良资产的供给方和需求方提供各类型的交易服务。近年来，随着互联网技术的深化发展，线上化已逐渐成为交易服务商发展的主流方向。与传统交易服务商相比，线上交易服务商可以有效提升信息的透明度，解决信息不对称等问题。此外，线上平台的信息和流量优势，可以使资产推介的范围更广，从而降低交易成本、缩短交易周期，提高不良资产的处置效率。目前，"不良资产+互联网"的运营模式作为一种行业新业态得到迅速发展。如今，商业银行、金融资产管理公司、地方资产管理公司已纷纷入驻各大线上交易平台。线上交易已经成为不良资产处置的一个重要渠道。当然，线上交易的模式也并非完美无缺，由于不良资产的非标属性，大量的复杂业务仍需通过线下渠道完成。在未来，线上交易服务商须从渠道和模式上持续发展创新，并在资产处置的探索过程中不断与其他模式相结合,形成互补。通过功能的增加,提升聚集能力,进而形成具有综合性的、更加全面的线上交易平台。

二、交易服务商的分类

交易服务商可以分为三大类别:实体拍卖行;官方认可的平台;非官方平台。

(一)实体拍卖行

传统的拍卖行以现场拍卖的形式进行不良资产拍卖(图7-4),不过形式上已逐渐被在线拍卖所取代。

图7-4 实体拍卖行

来源:网络图片。

(二)法院、证监会、国家金融监督管理总局(原银保监会)等官方认可的在线交易平台

1. 银行业信贷资产登记流转中心有限公司(简称"银登中心")

银登中心于2014年6月注册成立,注册资本为3.5亿元,业务上接受国家金融监督管理总局监管,是我国银行业重要的金融基础设施。银登中心的成立提高了资金使用效率,降低了社会融资成本,构建了规范化、阳光化的信贷资产流转市场,促进了商业银行经营模式的转型升级,推动了金融创新。作为主要的市场交易平台,银登中心可以进行公司不良贷款交易和批量个人不良贷款交易。目前,该平台的交易量逐渐增多,后续深化市场化改革是一个重要的发展方向(图7-5)。

图7-5 银登中心业务示例

来源:银登中心官网。

2. 金融资产交易所

据不完全统计,全国目前有62家金融交易所(中心),其中有部分省份现存交易场所在2家以上,最多的达5—6家,其中如武汉金融资产交易所(http://www.whfae.com/)、天津金融资产交易所(http://www.tjfae.com/)就是以不良资产交易为特色的两大金融资产交易所。在这些交易场所里,可以进行不良资产市场的二级交易,近年来随着不良资产市场的不断扩大,在此类交易所开展的不良资产交易逐渐增加,未来这类交易所将成为交易服务商的重要一员。

3. 最高人民法院指定的网络交易平台

2016年，中国最高人民法院公布了5个网络交易平台（淘宝网、京东网、人民法院诉讼资产网、公拍网和中国拍卖行业协会网）作为司法拍卖在线服务提供商。2019年，中国最高人民法院又增加中国工商银行的融e购和北京产权交易所两大交易平台（图7-6）。其中，淘宝网旗下的阿里拍卖和京东拍卖是最受关注的两大在线拍卖平台。

图7-6　网络交易平台

来源：各公司官网。

（1）淘宝网—阿里拍卖（https://sf.taobao.com/）。阿里拍卖是阿里巴巴集团在2007年创立的在线拍卖业务平台，是全球最大的线上拍卖市场（图7-7）。阿里拍卖已经同上千家商业机构、政府机构、金融机构开展合作，旗下涵盖资产拍卖、高端消费品拍卖、收藏品拍卖等板块。

（2）京东拍卖（https://auction.jd.com/）。京东是中国知名的自营式电商企业，是全球500强企业，按交易量和收入计是中国两大B2C（Business to Consumer，指企业针对个人开展的电子商务活动）在线零售商之一。京东拍卖是京东旗下专业经营拍卖业务的在线平台，是为

第七章　辅助管理者：服务商 | 169

图7-7　阿里拍卖首页

来源：阿里拍卖官网。

平台会员提供具有独特性或有较高附加值的特殊拍品的交易平台，所有拍品以专场形式展示（图7-8）。

（3）公拍网（http://www.gpai.net/sf/）。早在2008年，上海司法拍卖就率先"触网"，探索引进互联网技术开展网络拍卖。2010年，公

图7-8 京东拍卖首页

来源：京东拍卖官网。

拍网开始运行，是上海市拍卖行业协会建设的、上海市拍卖企业共同参与的网络信息发布和竞价公共平台（图7-9）。上海司法拍卖整合了"网络拍卖、行业管理、政府监督"三大体系，社会各界可以集中在此平台上查询信息、参与网络拍卖活动。2016年3月1日，新版公拍网正式上线,除司法拍卖频道以外还引入资产频道、民品艺术品频道、司法变卖频道,同时,接入第三方服务平台,与银行及其他金融机构等平台合作,拓展平台服务功能,充分整合优质资源。新版公拍网有"网络与现场同步拍卖""纯在线拍卖""现场拍卖""72小时在线拍+同步拍方式"可供选择。

图7-9　公拍网首页

来源:公拍网官网。

（4）人民法院诉讼资产网（https://www.rmfysszc.gov.cn/）。2012年2月8日,在全国法院深化司法拍卖改革工作会上,人民法院诉讼资产网正式上线运行（图7-10）。人民法院诉讼资产网是由最高人民法院主办,面向全国各级法院、社会辅助机构和广大竞买人的诉讼资产综合信息发布和司法拍卖平台。

人民法院诉讼资产网已经与最高人民法院相关系统全面对接,各级法院不需要单独办理入驻手续,不需要开立网络支付账户,可以直接发布网络司法拍卖/变卖信息。

图 7-10　人民法院诉讼资产网首页

来源：人民法院诉讼资产网。

（5）中拍平台。中拍平台是中国拍卖行业协会旗下的官方拍卖平台（图 7-11），主要拍品为司法拍卖标的、破产资产、金融资产、工业循环物资等，拍卖人还可应用平台依法组织网络拍卖会。

（三）非官方的其他在线平台

（1）360 拍（https://www.360pai.com/）。360 拍是由上海百昌网络拍卖科技有限公司开发的在线不良贷款拍卖平台（图 7-12），具有上海市商务委员会颁发的合法拍卖经营资质，聚集了数千家有执照的中国拍卖行。尽管它不是中国最高法院指定的交易平台之一，但仍然是中国不良资产交易领域的热门平台。

（2）点金人（https://www.dianjinren.com）。点金人平台是青岛点金人网络技术有限公司旗下的资产管理服务平台（图 7-13），由从事不良资产的专业团队与互联网精英联合打造，并于 2016 年正式上线。点金人平台是国内专业的不良资产信息服务平台。平台旨在搭建一个围绕不

图7-11 中拍平台首页

来源：中拍平台网。

良资产，实现项目方、资金方、第三方三方互动的生态圈，为三方提供全面高效的信息对接服务，使不良资产不再特殊。平台一方面为需求信息的发布方提供多平台、多形式的信息发布渠道，另一方面也为用户提供信息筛选、匹配、推送、定制等全方位信息服务。同时，依托现有资源，组织专业的团队提供定制化服务，以沙龙、论坛、峰会等形式为优质资本方、项目方和第三方提供面对面接洽的机会，从而帮助有竞争力

图 7-12　360 拍首页

数据来源：360 拍官网。

图 7-13　点金人首页

数据来源：点金人官网。

的资本、项目和第三方成功对接。

（3）洪力拍卖。洪力网是全国首家专业自助网络拍卖平台（图7-14），由山东光彩银星拍卖有限公司发起打造，于2016年12月28日上线。机构和个人均可通过电脑端或微信端实现自助网络拍卖。

图7-14　洪力网首页

数据来源：洪力网官网。

三、互联网交易服务商的优势、劣势及发展趋势

（一）互联网交易服务商的优势

国内对不良资产的处置一般以拍卖和批量转让等方式为主，传统的不良资产处置方式往往存在回款周期长、难以定价等问题。因此，"互联网+不良资产"的模式在不良资产的处置过程中具有得天独厚的优势。

1. 信息展示和宣传优势

参考电子商务和互联网金融的运营模式，构建不良资产线上交易市场，通过互联网平台充分展示不良资产的各项详细信息，建立买卖双方畅通的交流和协商渠道。

2. 集成各类服务中介

互联网可以将具备各种特色服务的独立第三方中介公司纳入"互联网+不良资产处置"平台，包括律师事务所、尽职调查公司、资产评估机构、会计师事务所等，为资产处置交易的达成提供更全面透明的服务。

3. 大数据累积效应

互联网平台能够记录海量数据，利用这一优势建立不良资产处置全过程的各式数据库，为不良资产交易积累大量数据，便于后续采用大数据技术对有关资产交易和处置数据进行分析，实现"互联网+不良资产处置"模式的自我更新迭代。

4. 背景信息对接

平台能够呈现更多的不良资产详细信息，提高不良资产的信息透明度和真实性，不良资产处置的网络平台可以展示该项不良资产的项目情况，便于投资者真实、详细地了解不良资产项目的前世今生。

5. 降低交易成本

"互联网+不良资产处置"平台能够缩短买卖双方之间的距离，丰富沟通的渠道，显著降低协商和谈判成本，提高沟通效率，从而降低不良资产的整体处置和交易成本。

6. 流量优势

互联网平台独具的流量优势，是传统"招拍挂"方式无法比拟的。它为不良资产的成功处置提供了更多的潜在买方，增加了买卖双方匹配成功的几率，提高了不良资产交易达成的概率。

7. 把握时间价值，提高回收率

"互联网+不良资产处置"平台能够明显缩短不良资产的处置周期，

为不良资产的快速交易赢得了时间。由于金融业不良资产独具的"冰棍效应",为减少持有不良资产的期间损失,资产管理公司倾向于快速化处置。因此,批量转让的方式是实现快速处置的首选,但是这种方式会降低不良资产的回收水平。而处置平台可以有效加速不良资产的处置周期,有利于对不良资产采用"一产一策"的处置方式,减少不良资产"打包处置"的规模,进而提高不良资产的回收率。另外,在互联网处置的背景下,运用大数据技术分析不良资产交易的历史数据可以提高对不良资产的定价效率。

(二)互联网交易服务商的劣势

目前,互联网渠道的资产成功处置的比例仍然难以满足巨大的现实需求,但从长期来看,互联网资产处置平台能够不断拓宽不良资产的处置渠道,且互联网金融的不断发展也必然会带动互联网资产处置的不断进步和创新。尽管当前"互联网+不良资产"交易平台的发展存在一些现实问题,但也蕴含了未来的发展趋势。

1. 定位不精准导致互联网平台渠道流通比例非常有限

目前的"互联网+不良资产"的业务模式忽视了不良资产的特点,过分追求流量,无法精准定位目标客户。不良资产具有非标准性和专业性,提高了参与者的准入门槛。另外,平台的运作方式是简化的电商模式,目标客户未得到有效定位和关注。这种目标客户不清晰的现状导致绝大部分流量实际上是无效点击,并不能提供成交量。因此,"互联网+不良资产"的模式需要面向特定客户群体的精准营销推广,提高流量效率和成交量。

2. 互联网平台缓解信息不对称的作用有限

交易平台可以加强信息披露,消除信息不对称风险,使买卖双方公平交易。但投资者仅根据网络上获得的文字和图片信息,仍难以作出准确的判断和投资决策。因为不良资产本身的所有权和利益关系复杂,大量的线下实体工作必不可少。另外,不良资产的信息披露缺乏相关标准和规定,易造成信息盲点,干扰投资者判断。从资产供给端看,不良资产的出现往往伴随着业绩亏损、企业经营不善,资产所有人出于自身利益考虑,在信息披露方面往往选择含糊其词,维护自身资产的声誉,这无疑加剧了信息不对称的问题。互联网平台难以缓解以上信息不对称问题。

（三）互联网交易服务商的发展趋势

不良资产业务成本较高、处置周期长,而互联网交易服务商凭借低交易成本、高定价效率的优势,是扩展不良资产处置模式的较好选择。融合了渠道创新和模式创新的互联网平台,在资产处置的探索过程中可以不断和其他模式结合互补,共同推进"互联网+不良资产"模式的创新发展。例如,以互联网拍卖平台为代表的交易平台,可以通过链接各类资产供给方、需求方以及处置、金融、营销等服务商,构造功能更加全面、产业链条完整、附加值更高的不良资产交易平台。互联网化的不良资产处置可以很好地发挥平台效应,成为链接各方面资源和需求的媒介,推动"互联网+不良资产"业务良性发展。

未来的不良资产交易市场建设将以互联网化为目标,借助互联网金融发展趋势,推动专业性不良资产互联网交易平台建设。"互联网+"是近年来关于"互联网改造传统产业"趋势的延伸,旨在借助迅猛发展的互联网平台和互联网经济推动社会创新模式的演进。从不良资产的互联网化处置来看,以阿里、京东等资产处置平台为代表的服务模式再次走在了前列。但不良资产处置业务的特殊性决定了互联网化资产处置模式的发展不能单纯依赖互联网建立的平台或金融资产管理公司的信息化。未来的交易平台在探索和发展中,应牢牢把握互联网平台的核心竞争力，借助互联网金融发展趋势，深度融合资产需求、供给方以及中介机构等不良资产市场的参与者，以平台化、信息化、透明化、全面化的金融服务为核心，发挥好互联网的乘法效应，使不良资产业务市场更加透明、有效，既能发挥其化解和防范经济金融体系风险的作用，又能带来良好的经济效益。

第四节　综合服务商

综合服务商是指为不良资产行业的资产方、资金方以及其他需求方提供全方位服务的综合服务机构。由于综合服务商概念的形成时间较短，综合服务商体系的建设并不十分完善，导致现阶段综合服务商的业务范围和业务能力水平参差不齐。本节首先对综合服务商进行简单的介绍，其次阐释综合服务商现阶段具备的能力，最后介绍现阶段综合服务商体系中具有代表性的两家综合服务商。

一、综合服务商简介

由于不良资产行业属地性强、非标性强，虽然目前国内的不良资产市场中的服务商数量众多，但是普遍规模较小、个性化特色强，服务能力只局限于特定区域且无法对不良资产进行全流程服务，市场中尚无全国性、综合性、有行业影响力的服务商品牌。从行业效率的角度来看，服务商行业需要进一步深化整合，聚合各方的资源和能力；同时，积极融合互联网、大数据、区块链等数字化技术，优化不良资产业务流程，形成完整的服务生态体系，从而提升不良资产处置的效率。因此，综合化、全国化、数字化将成为服务商市场发展的重要趋势。在未来，不良资产行业内将涌现能打破地域限制且同时具备不良资产全流程服务能力的数字化综合服务商。

区别于处置服务商、专业服务商以及交易服务商，综合服务商不仅能够提供专业的咨询、尽调、管理、处置、评估、法务、平台交易等全面的不良资产服务，同时能够整合其他服务商作为其服务能力的有力支撑。其他服务商在进行不良资产服务时，会发生专业领域及专业能力不匹配等情况。综合服务商则能够利用自身平台的功能，在整合其他服务商资源的情况下，对不良资产项目进行最优匹配，解决资源错配问题，完成优质服务，达成多方利益最大化。

二、综合服务商的能力

综合服务商的核心能力是运用"处置+管理"的运营模式对不良资产业务进行全方位服务，其主要服务能力如下。

（一）不良资产全流程服务能力

综合服务商作为综合性不良资产管理服务平台，首要的能力就是对不良资产进行全流程服务。一是涵盖了处置服务商的能力，包括市场调研、业务咨询、获取项目信息、尽职调查、估值定价、业务谈判、交易策划、代表交易、档案管理、资产管理、资产处置以及资产营销等。二是涵盖了专业服务商的能力，包括律师事务所相关的法律事务能力、会计师事务所的财务顾问及交易顾问能力、资产评估机构的资产评估能力等。三是涵盖了交易服务商的能力，一些综合服务商已经开始着手申请或收购交易平台牌照，打造自身的交易平台，完善综合服务商的业务能力。

（二）生态圈聚合管理能力

生态圈聚合管理能力也是其能力的重要组成部分。处置服务商的生态圈维护能力受限于团队规模、信任程度、服务能力以及审批机制等诸多因素，尚不能胜任专门或大规模为银行、资产管理公司等金融机构提供如"保底清收""合作清收"等专业服务。综合服务商则能够聚合其他服务商优势能力，参考差异化发展、区域特色等条件，建设生态圈体系，将资产方、资金方、其他服务商、产业运营合作方纳入生态圈体系中，进而利用生态圈对一些大型项目进行组合拆分，最终优质完成大型专业服务。

三、代表性综合服务商

（一）上海文盛资产管理股份有限公司

1. 公司简介

上海文盛资产管理股份有限公司（简称"文盛资产"）成立于2015年10月26日，是浙江文华控股有限公司控股子公司，注册资本为11.42亿元（图7-15）。公司前身为成立于2006年9月29日的上海文盛投资管理有限公司。截至2021年年末，文盛资产累计资产管理规模（债权本息）达1,232亿元，是目前国内不良资产管理公司中管理规模和经营业绩排名靠前的民营企业。目前，文盛资产在上海市、北京市、杭州市、南京市、广州市先后设立了五家分公司，投资服务区域覆盖至京津冀、长三角、珠三角地区近20个省、直辖市，主要从事金融不良资产投资管理及咨询业务，专注于银行不良资产处置、债务企业重组等，通过协同多元化平台，向客户提供量身定制的不良资产投资及管理服务。

2. 文盛资产的商业模式。

文盛资产的商业模式主要包括以下三种形式。

（1）金融不良资产自主投资：公司通过招投标、拍卖等公开方式

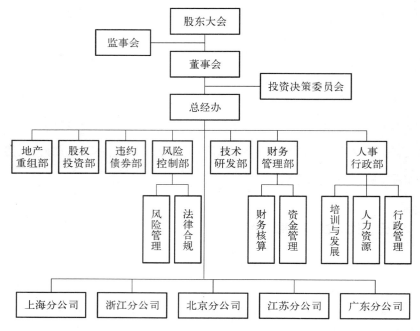

图 7-15 文盛资产的组织架构

数据来源：文盛资产官网。

或法律许可的其他方式从出售方（主要为四大金融资产管理公司）购入金融不良债权等资产，并通过司法追偿、债权转让、债务和解、破产清算等多种方式对受让的债权及相应资产进行清收处置，获取投资收益。

（2）特殊机会投资管理服务：公司为特殊机会投资人提供不良资产的投资管理服务，包括但不限于：对包括金融不良资产在内的相关资产进行收购前的尽职调查和估价服务；竞价收购咨询服务；收购后的清收处置服务等。公司根据尽调、收购、清收金额获取一定比例的服务费，并根据是否参与劣后投资以及收益的实现情况获取投资收益。

（3）信用违约衍生业务：包括不良债权处置带来的房地产项目的盘活和重整、证券违约项目重组等。

3. 案例：文盛资产以破产清算方式处理建设银行不良资产

中国建设银行股份有限公司北京密云支行（简称"建行密云支行"）与密云城建公司、北京市双诚房地产开发公司（简称"双诚公司"）产生借款合同纠纷。北京市密云县人民法院判决密云城建公司向建行密云支行支付借款本金400万元及利息、贷款本金664万元并支付利息；双诚公司承担连带保证责任，但是密云法院查明密云城建公司、双诚公司既无履行能力，又无财产可供执行，遂中止执行。2009年9月30日，建行签订债权转让协议，将上述两笔债权转让给受让方信达资产；2013年12月3日，信达资产与中经信投资有限公司签订债权转让协议，将上述两笔债权转让给中经信投资有限公司；2018年9月13日，中经信投资有限公司与文盛资产签订分户债权转让协议，将上述两笔债权转让给文盛资产；文盛资产申请密云城建公司破产清算；2020年6月19日，北京市第一中级人民法院依法予以受理。

（二）浙江浙管特资科技有限公司

1. 公司简介

浙江浙管特资科技有限公司（简称"特资科技"）成立于2020年8月，是浙商资产的全资子公司。特资科技作为浙商资产轻资产转型的核心平台之一，承担着浙商资产资源聚合、能力提炼、能力输出的重要使命，致力于以特殊资产行业资源聚合为基础，依托数字化科技平台，通过综合配套服务能力打造，发展成为具有国际化特征的特殊资产综合服务生态平台。

特资科技的综合服务生态平台由数字化综合服务平台和服务商生态体系两部分构成。

（1）数字化综合服务平台致力于解决不良资产行业信息不对称、资源配置不合理、服务标准化低等难题，通过线上线下相结合的方式构建资金端、资产端、服务端的数字化共享生态,解决信息共享难、需求匹配难、资源整合难等问题,推动参与方形成合作、共赢、开放的生态圈。同时,运用数字化工具实现特殊资产全生命周期管理、动态监测、智能预警等,推动资产管理线上化、标准化、智能化,从而提升行业专业服务水平。

（2）特资科技正着力于构建以价值挖掘和精细化运作为主要能力的服务商生态体系。通过内部能力转化输出和外部优势互补结合的方式,发展"特许服务商+合营服务商+外部服务商"三个层次的服务商集群,叠加浙商资产的分子公司、中后台专业服务队伍,形成完备的服务商生态体系,逐步实现区域、产业和专业方向的全覆盖。并以此为依托,通过数字化平台,为资金方、资产方及行业内其他参与主体提供各类服务。目前,已形成资产管理类服务、服务商管理类服务、撮合交易类服务、咨询顾问类服务、系统及软件服务五大类业务,从而实现收入。

2. 业务模式

（1）资产管理类服务业务。特资科技具有全流程的服务能力,承揽承接不良资产相关募投管退项目服务业务,形成稳定的募资端口,制定投资计划和处置策略、安排处置进度、组织处置工作实施、管理处置过程、实现处置退出等。其中不仅包括传统不良资产包处置,也包括与产业合作方协同进行资产重组、盘活和退出。

（2）服务商管理类服务业务。主要内容为：根据委托方要求进行服务商选聘；对受托管理的服务商进行合规性管理；根据委托方要求监督监管服务商处置情况。

（3）撮合交易类服务业务。集成各资源方,基于各类需求提供精准撮合服务和推介服务,如为资金方推荐收购项目,从而实现资金方和资产方的匹配。其中不仅包括传统不良资产包收购，也包括为产业投资人通过不良资产的渠道寻找合适的产业资产，并协调服务商为其清理债务，实现资产收购。

（4）咨询顾问类服务业务。以中后台及轻资产子公司能力输出为核心，为不良资产市场的参与主体提供数据分析产品（如行业数据库、债务人画像、投资人画像等）、不良资产投前服务（如估值、尽调、法律、风控等）、战略咨询服务（如行业咨询、政策解读、培训等）。

（5）系统及软件服务业务。发挥科技平台功能，对外输出系统及软件服务能力。特资科技将管理服务、数据产品、工具产品等集成为系统或软件产品，既可以为大型客户提供定制化软件服务开发，也可以使用 SaaS 软件服务的方式为更广泛的客户群体提供服务。

本 章 小 结

不良资产市场有多种服务商，如律师事务所、会计师事务所、资产评估机构、拍卖机构、咨询机构、信息科技企业等，这些行业服务商一般提供不良资产市场的尽职调查、信用评估、交易撮合、资产处置等服务，在不良资产服务的细分市场或专业领域，提供特色服务，具有独特的市场需求和竞争优势。具体来说，服务商可以分为四类：处置服务商、专业服务商、交易服务商以及综合服务商。处置服务商致力于清收处置，助力资产价值的实现；专业服务商主要负责信息和资源的挖掘，减少主体纠纷，降低处置成本以及明确资产价值；交易服务商增强了不良资产的流动性，提高资产定价效率；综合服务商则以多种服务能力为基础，为客户提供多方位定制化服务。四类服务商各司其职，在不良资产处置领域发挥各自协同作用，共同实现资源的高效运转，提升不良资产处置价值和不良资产市场的运作效率。

处置服务商是服务商的最基础形态，该类服务商具有项目跟踪特征，通常会利用综合手段推进项目落地，其与投资人的关系也较为紧密，具有共同利益导向和市场合作需求。

专业服务商是从其他行业迁移而来的服务商形态，该类服务商通常承包项目过程的一部分专业工作，其收益确认与项目落地没有直接关系，因此，在工作中可以保持中立和专业，但是与投资人的利益不完全一致。

交易服务商是从各大电商或交易所衍生而来的业务平台，通常为不良资产交易提供在地性的交易平台支持，其收益确认由交易流水决定，因此，与投资人的目的具有一致性，并且服务态度良好。

综合服务商是多种服务商职能的综合，通常具有一定的专业能力和结果导向的绩效要求，因此，与投资人保持高度一致。综合服务商能够为投资人解决大部分不良资产领域的操作问题，投资人能够专注融资和组合管理等更上层的商业考虑。

本章重要术语

处置服务商　专业服务商　交易服务商　综合服务商

复习思考题

1. 不良资产处置市场有哪些中介服务机构？分别有什么作用？
2. 处置服务商基本职能有哪些？
3. 利用"互联网+"技术拓展不良资产处置模式有哪些优势？存在哪些问题？未来有哪些发展趋势？

第八章

中国不良资产管理
行业监督管理

我国已初步形成对不良资产管理行业的监督管理体系，法律制度、监管架构等方面也正逐步成形。在未来，随着监管管理体系的进一步完善，不良资产管理行业整体将向规范化持续发展前行。

经过20多年发展，中国不良资产管理行业的监管架构逐渐成形。本章从行业主要法律法规、监管机构、监管内容等角度出发，对中国不良资产管理行业的监管架构进行介绍。

第一节　中国不良资产管理行业监督管理概述

目前，不良资产管理行业在我国受到较为严格的监管，监管机构主要包括中国人民银行、财政部、国家金融监督管理总局（原银保监会）、各省级人民政府、各地方金融监管局等，监管内容主要包括行业准入、业务范围、任职资格等，一系列法律法规将监管机构、监管内容进行有机整合，形成有效衔接，共同构成我国不良资产管理行业的监管框架。

贯穿行业监管框架的是行业监管逻辑，我国不良资产管理行业的监管逻辑主要可以分为主体监管（机构监管）、业务监管（功能监管）、主体与业务兼而有之的综合监管三类。

主体监管（机构监管）主要针对市场主体本身。例如，财政部作为四大金融资产管理公司的控股股东，在国务院授权下履行国有金融资本出资人职责，根据《金融资产管理公司条例》等对四大金融资产管理公司进行监管；各省级人民政府及省级地方金融监管局作为各省级国家权力机关的执行机关、省级国家行政机关及地方金融监管部门，根据《中国银保监会办公厅关于加强地方资产管理公司监督管理工作的通知》等分别履行地方资产管理公司监管责任及具体负责对本地区地方资产管理公司的日常监管。此外，大部分地方资产管理公司为地方国有企业，其相关经营管理行为还受到地方国有资产监督管理委员会的监管，具体参照国资监管要求，此处不展开阐述。主体监管也会涉及一部分业务内容，但仍主要是基于对市场主体的监管而衍生出的业务要求。

业务监管（功能监管）主要针对市场主体开展的各类业务。例如，国家金融监督管理总局（原银保监会）作为我国银行业和保险业的主要监管机构，针对我国不良资产管理行业出台了一系列监管政策，对行业中的商业银行（主要由大型银行部、股份制银行部等各类银行部和银行检查局承担监管职能）、金融资产管理公司（主要由非银部、非银检查局承担监管职能）、地方资产管理公司（主要由普惠金融部承担监管职能）等主体开展不良资产相关业务的监管。业务监管也会涉及一部分主体要求，但仍主要是对市场主体开展相关业务所需具备的条件进行规范。

综合监管兼顾主体监管和业务监管，主要是从顶层设计、宏观视角进行监督管理。例如，国务院作为我国最高国家权力机关的执行机关、最高国家行政机关，从顶层设计的高度于1999年决定设立金融资产管理公司，制定《金融资产管理公司条例》并进行相应监管；中国人民银行作为我国的中央银行，制定和执行货币政策、宏观审慎政策，防范和化解金融风险，维护金融稳定，从宏观视角对金融资产管理公司、地方资产管理公司及其业务进行相应监管。此外，监管机构之间的协同也体现了综合监管的逻辑，例如，各省级人民政府地方金融监管部门加强与原银保监会派出机构的沟通协调，建立地方资产管理公司监管信息共享机制；原银保监会与财政部、中国人民银行、证监会等监管机构和主管部门加强监管合作和信息共享，协调实现金融资产管理公司集团范围的全面、有效监管。

第二节　中国不良资产管理行业的主要法律法规

中国不良资产管理行业相关的法律法规，主要包括法律、法规、规章、司法解释及其他规范性文件等。需要说明的是，本书仅介绍针对不良资产管理行业出台的主要法律法规，其他针对诉讼、执行、破产、担保、合同、物权等法务主题的法律法规请见系列教材的《中国不良资产管理法律实务》一书，针对资产评估主题的法律法规请见系列教材的《中国不良资产管理评估实务》一书。

一、相关法律

规范不良资产管理行业的相关法律目前为《中华人民共和国银行业监督管理法》（2006年修正，以下简称《银行业监督管理法》）。《银行业监督管理法》主要规定了我国银行业的监督管理机构、监督管理职责、监督管理措施、法律责任等内容。对金融资产管理公司的监督管理，适用该法对银行业金融机构监督管理的规定。法律、行政法规另有规定的，依照其规定。[1]

二、相关法规

不良资产管理行业相关法规包括国务院制定的相关行政法规和各

---

[1] 《中华人民共和国银行业监督管理法》第二条、第五十条。

地方人民代表大会及其常务委员会制定的地方性法规。

相关行政法规有《金融资产管理公司条例》(国务院令2000年第297号),主要为了规范金融资产管理公司的活动,依法处理国有银行不良贷款,促进国有银行和国有企业的改革和发展。此外,2021年12月,中国人民银行就《地方金融监督管理条例(草案征求意见稿)》公开征求意见。

相关地方性法规主要包括各地的地方金融(监督管理)条例,主要用于规范包括地方资产管理公司在内的地方金融组织的行为。

(一)相关行政法规

2000年11月,国务院公布《金融资产管理公司条例》,对金融资产管理公司的设立和业务范围、收购不良贷款的范围、额度及资金来源、债权转股权、公司的经营和管理、公司的终止和清算等内容进行了规范。《金融资产管理公司条例》对维护金融资产管理公司在不良贷款处置中的权利、提高不良贷款的回收率、减少国家的财产损失有着非常重要的意义。[①]

2021年12月,中国人民银行就《地方金融监督管理条例(草案征求意见稿)》公开征求意见。该条例共五章四十条,按照"中央统一规则、地方实施监管,谁审批、谁监管、谁担责"的原则,将地方各类金融业态纳入统一监管框架,强化地方金融风险防范化解和处置。其中规定,地方资产管理公司属于地方金融组织。

(二)相关地方性法规

2016年起,各地陆续制定出台区域性地方金融(监督管理)条例,已有16个省(市、区)出台条例,10个省(市、区)正在进行立法调研、征求意见或纳入立法调研项目,按公布时间顺序汇总如表8-1所示。

---

① 唐双宁:《依法处置不良贷款 防范化解金融风险——〈金融资产管理公司条例〉学习要点》,《中国金融》2001年第1期。

表8-1 各地方金融（监督管理）条例制定出台情况

序号	地方金融（监督管理）条例	公布时间
1	《山东省地方金融条例》	2016年03月
2	《河北省地方金融监督管理条例》	2017年12月
3	《四川省地方金融监督管理条例》	2019年03月
4	《天津市地方金融监督管理条例》	2019年05月
5	《上海市地方金融监督管理条例》	2020年04月
6	《浙江省地方金融条例》	2020年05月
7	《广西壮族自治区地方金融监督管理条例》	2020年09月
8	《内蒙古自治区地方金融监督管理条例》	2020年09月
9	《厦门经济特区地方金融条例》	2020年10月
10	《河南省地方金融监督管理条例（草案）（立法调研）》	2020年10月
11	《江西省地方金融监督管理条例》	2020年11月
12	《江苏省地方金融条例》	2021年03月
13	《重庆市地方金融监督管理条例（立法调研）》	2021年03月
14	《海南自由贸易港地方金融监督管理条例（立法调研）》	2021年03月
15	《湖北省地方金融条例》	2021年04月
16	《北京市地方金融监督管理条例》	2021年04月
17	《吉林省地方金融监督管理条例》	2021年07月
18	《贵州省地方金融监督管理条例》	2021年09月
19	《安徽省地方金融条例（二次征求意见稿）》	2021年12月
20	《青海省地方金融监管条例（列入立法重点调研项目）》	2021年12月
21	《福建省地方金融条例（立法进程推进中）》*	2022年01月

续 表

序号	地方金融（监督管理）条例	公布时间
22	《辽宁省地方金融监督管理条例（研究制定中）》**	2022年01月
23	《湖南省地方金融监督管理条例（立法调研）》	2022年02月
24	《陕西省地方金融条例》	2022年03月
25	《广东省地方金融监督管理条例（草案送审稿）》	2022年03月
26	《宁夏回族自治区地方金融条例（列为立法调研项目）》	2022年04月

*2022年福建省地方金融监管系统工作会议指出，加快推进《福建省地方金融条例》立法进程，强化地方金融组织监督管理。
**《辽宁省"十四五"金融业发展规划》提出，加强地方金融监管的顶层设计，研究制定《辽宁地方金融监督管理条例》。
资料来源：各地人大常委会、金融监管局等。

各地方金融（监督管理）条例总体上从地方金融组织监督管理、金融风险防范与处置、金融服务实体经济、法律责任等方面进行规范，地方资产管理公司一般均包含在监管对象中。

三、相关规章

不良资产管理行业相关规章包括国务院各部委等机构制定的部门规章。主要部门规章列示如表8-2所示。

表8-2　不良资产管理行业主要部门规章

发文单位	部　门　规　章	文　号
财政部 国家税务总局	《关于中国信达等4家金融资产管理公司税收政策问题的通知》	财税〔2001〕10号
对外贸易经济合作部 财政部 中国人民银行	《金融资产管理公司吸收外资参与资产重组与处置的暂行规定》	对外贸易经济合作部、财政部、中国人民银行令〔2001〕6号

续　表

发文单位	部门规章	文号
财政部	《关于印发金融资产管理公司有关业务风险管理办法的通知》	财金〔2004〕40号
国家外汇管理局	《关于金融资产管理公司利用外资处置不良资产有关外汇管理问题的通知》	汇发〔2004〕119号
国家发展改革委 国家外汇管理局	《关于规范境内金融机构对外转让不良债权备案管理的通知》	发改外资〔2007〕254号
财政部	《金融资产管理公司资产处置管理办法（修订）》	财金〔2008〕85号
财政部 原银监会	《金融资产管理公司资产处置公告管理办法（修订）》	财金〔2008〕87号
原银监会	《金融资产管理公司并表监管指引（试行）》	银监发〔2011〕20号
财政部 原银监会	《金融企业不良资产批量转让管理办法》	财金〔2012〕6号
原银监会	《关于地方资产管理公司开展金融企业不良资产批量收购处置业务资质认可条件等有关问题的通知》	银监发〔2013〕45号
原银监会 财政部 人民银行 证监会 原保监会	《金融资产管理公司监管办法》	银监发〔2014〕41号
原银监会办公厅	《关于规范金融资产管理公司不良资产收购业务的通知》	银监办发〔2016〕56号
原银监会办公厅	《关于适当调整地方资产管理公司有关政策的函》	银监办便函〔2016〕1738号
原银监会	《金融资产管理公司资本管理办法（试行）》	银监发〔2017〕56号
原银保监会办公厅	《关于加强地方资产管理公司监督管理工作的通知》	银保监办发〔2019〕153号

续 表

发文单位	部门规章	文号
原银保监会	《中国银保监会非银行金融机构行政许可事项实施办法》	银保监会令2020年第6号
原银保监会办公厅	《关于开展不良贷款转让试点工作的通知》	银保监办便函〔2021〕26号
原银保监会办公厅	《关于引导金融资产管理公司聚焦主业积极参与中小金融机构改革化险的指导意见》	银保监办发〔2022〕62号

此外，2021年7月，原银保监会就《地方资产管理公司监督管理暂行办法（征求意见稿）》向各地方金融监管局征求意见。其中对地方资产管理公司的经营规则（包括准入条件）、经营管理、监督管理等事项进行了规范。

四、相关司法解释及规范性文件

不良资产管理行业直接相关的主要司法解释及规范性文件列示如表8-3所示（针对诉讼、执行、破产、担保、合同、物权等具体主题的司法解释及规范性文件，请见系列教材的《中国不良资产管理法律实务》一书）。

表8-3　不良资产管理行业直接相关司法解释及规范性文件

发文单位	司法解释及规范性文件	文号
最高人民法院	《关于审理涉及金融资产管理公司收购、管理、处置国有银行不良贷款形成的资产的案件适用法律若干问题的规定》（简称"十二条司法解释"）	法释〔2001〕12号
最高人民法院	《对〈关于贯彻执行最高人民法院"十二条"司法解释有关问题的函〉的答复》	法函〔2002〕3号

续　表

发文单位	司法解释及规范性文件	文　号
最高人民法院	《关于金融资产管理公司收购、处置银行不良资产有关问题的补充通知》	法〔2005〕62号
最高人民法院	《关于审理涉及金融不良债权转让案件工作座谈会纪要》（简称《海南会议纪要》）	法发〔2009〕19号
最高人民法院	《关于新民间借贷司法解释适用范围问题的批复》	法释〔2020〕27号

十二条司法解释及其相关答复、补充通知对收购、管理、处置国有银行不良贷款形成的资产过程中涉及的诉讼时效中断、担保债权转让、变更诉讼或者执行主体等事项进行了规范。根据《最高人民法院关于废止部分司法解释及相关规范性文件的决定》（法释〔2020〕16号），十二条司法解释自2021年1月1日起废止。

《最高人民法院关于新民间借贷司法解释适用范围问题的批复》指出，"经征求金融监管部门意见，由地方金融监管部门监管的……地方资产管理公司等七类地方金融组织，属于经金融监管部门批准设立的金融机构，其因从事相关金融业务引发的纠纷，不适用新民间借贷司法解释"。

第三节　中国不良资产管理行业的主要监管机构

国务院2000年出台的《金融资产管理公司条例》第四条规定，中国人民银行、财政部和中国证券监督管理委员会依据各自的法定职责对金融资产管理公司实施监督管理。

2003年4月，原银监会成立，履行原由中国人民银行履行的审批、监督管理银行、金融资产管理公司、信托投资公司及其他存款类金融机构等的职责及相关职责[①]；中国人民银行作为我国的中央银行，在国务院领导下，制定和执行货币政策，防范和化解金融风险，维护金融稳定。[②]

2018年3月，第十三届全国人民代表大会第一次会议审议通过国务院机构改革方案，将原银监会和原保监会的职责整合，组建原银保监会，作为国务院直属事业单位；不再保留原银监会、原保监会；将原银监会和原保监会拟订银行业、保险业重要法律法规草案和审慎监管基本制度的职责划入中国人民银行。

2019年7月，原银保监会办公厅印发《关于加强地方资产管理公司监督管理工作的通知》（银保监办发〔2019〕153号），明确了地方资产管理公司的监管框架：原银保监会负责制定地方资产管理公司的监管规则，各省（区、市）人民政府履行地方资产管理公司监管责任，各地方金融监管部门具体负责对本地区地方资产管理公司的日常监管，包括地方资产管理公司的设立、变更、终止、风险防范和处置等工作，并督促地方资产管理公司严格遵守相关法律法规和监管规则。

一、中国人民银行

中国人民银行作为我国的中央银行，对我国不良资产管理行业的监管职能主要见《金融资产管理公司条例》，具体如下。[③]

[①]《全国人民代表大会常务委员会关于中国银行业监督管理委员会履行原由中国人民银行履行的监督管理职责的决定》。

[②]《中华人民共和国中国人民银行法》。

[③]《金融资产管理公司条例》第六条、第七条、第八条、第十条、第十五条、第十八条、第二十九条、第三十三条等。

（1）批准金融资产管理公司在其收购的国有银行不良贷款范围内，管理和处置因收购国有银行不良贷款形成的资产时，开展其他业务活动；向金融资产管理公司再贷款；

（2）会同财政部审批金融资产管理公司发行金融债券；

（3）会同国家经济贸易委员会①、财政部审核金融资产管理公司实施企业债权转股权的方案、与企业签订的债权转股权协议，报国务院批准后实施；

（4）对金融资产管理公司报送财务、统计报表和其他有关材料提出要求；

（5）对于金融资产管理公司违反金融法律、行政法规的情形，依照有关法律和《金融违法行为处罚办法》对其给予处罚。

二、财政部

财政部是三家全国性金融资产管理公司的控股股东，对我国不良资产管理行业的监管职能主要见《金融资产管理公司条例》《金融资产管理公司资产处置管理办法（修订）》《金融企业不良资产批量转让管理办法》等，具体如下。②

（1）同意金融资产管理公司设立分支机构，并报中国人民银行批准；

（2）会同中国人民银行审批金融资产管理公司发行金融债券；

（3）会同国家经济贸易委员会、中国人民银行审核金融资产管理

---

① 2003年3月，根据《第十届全国人民代表大会第一次会议关于国务院机构改革方案的决定》，组建商务部，不再保留国家经济贸易委员会。

② 《金融资产管理公司条例》第七条、第十五条、第十八条、第二十四条、第二十六条、第二十八条、第二十九条、第三十一条、第三十二条等，《金融资产管理公司资产处置管理办法（修订）》第十五条、第四十五条、第四十八条等，《金融企业不良资产批量转让管理办法》第三十四条。

公司实施企业债权转股权的方案、与企业签订的债权转股权协议，报国务院批准后实施；

（4）根据不良贷款质量的情况，确定金融资产管理公司处置不良贷款的经营目标，并进行考核和监督；

（5）制定金融资产管理公司资产处置管理办法；

（6）会同国家税务总局制定金融资产管理公司在收购国有银行不良贷款和承接、处置因收购国有银行不良贷款形成的资产的业务活动中的免交税收相关具体办法；

（7）对金融资产管理公司报送财务、统计报表和其他有关材料提出要求；

（8）金融资产管理公司终止时，组织清算组进行清算；

（9）对金融资产管理公司处置不良贷款形成的最终损失，提出解决方案，报国务院批准执行；

（10）接受金融资产管理公司逐月报告资产处置进度；

（11）定期或不定期组织对金融资产管理公司资产处置过程的合规性和处置结果进行抽查；

（12）接受金融资产管理公司根据《金融资产管理公司资产处置管理办法（修订）》制定的资产处置管理实施细则备案；

（13）依照相关法律法规，对金融企业的不良资产批量转让工作和资产管理公司的资产收购工作进行监督和管理，具体办法另行制定。

三、国家金融监督管理总局（原银保监会）

国家金融监督管理总局（原银保监会）是我国银行业和保险业的主要监管机构，针对我国不良资产管理行业出台了一系列政策，对行业中的商业银行（主要由大型银行部、股份制银行部等各类银行部和银行检查局承担监管职能）、金融资产管理公司（主要由非银部、非银检查局承担监管职能）、地方资产管理公司（主要由普惠金融部承担监管职能）等进行监管，其相关职能主要如下。①

（1）通过非现场监管、现场检查、监管协调与信息共享等方式，对金融资产管理公司进行并表监管；

（2）接受金融资产管理公司制定的阶段性持有债转股企业的退出计划备案；

（3）接受金融资产管理公司于每年第一季度末报告上一年度并表范围及并表管理情况，包括但不限于合格资本、财务、风险及其他并表管理状况等；

（4）根据金融资产管理公司集团资产质量与运营状况，经全面审慎评估，必要时可以要求集团持有超过其最低资本要求的资本，调整或制定差异化的杠杆率要求，限制集团的风险资产增速和对外资本投资，以确保集团的稳健性；

（5）接受金融资产管理公司制定的集团内部交易管理制度备案；

（6）对金融资产管理公司相关重大内部交易，按相应情形进行审批或备案；

（7）接受金融资产管理公司于每年第一季度末报送上一年度集团内部交易开展情况的综合报告（包括重大内部交易和一般内部交易）；

（8）根据资产公司的实际情况相应确定和调整资产公司大额风险暴露监管标准；

---

① 《金融资产管理公司并表监管指引（试行）》第四条、第六条、第十条、第十二条、第二十九条、第三十八条、第四十七条、第五十条、第五十九条、第七十九条、第五章等；《金融资产管理公司资本管理办法（试行）》第十二条、第二十条、第二十八条、第四十七条、第四十九条、第六十七条、第六十八条、第七十九条等；《关于加强地方资产管理公司监督管理工作的通知》等。

（9）接受金融资产管理公司制定的向子公司提供流动性支持的预案备案；

（10）接受金融资产管理公司每半年报告集团的风险管理情况、按规定报送的相关信息资料；接受金融资产管理公司针对重大突发风险事件制定的相应重大事项报告制度备案；

（11）对金融资产管理公司集团及集团母公司资本充足性、杠杆率、资本管理等情况进行日常监管和现场检查，可以视情况采取相应的监管措施；

（12）制定金融资产管理公司集团母公司信用风险类资产减值准备的计提标准；

（13）核准金融资产管理公司集团母公司变更信用风险加权资产计量方法；

（14）根据金融资产管理公司集团母公司的股权结构变动、风险类别等确定和调整集团资本监管范围；

（15）对金融资产管理公司集团及集团母公司实施资本充足性监督检查，确保资本能够充分覆盖所面临的各类风险；

（16）根据日常监管和现场检查情况，对金融资产管理公司提出更审慎的附加资本要求，确保资本充分覆盖风险；

（17）在满足信息披露总体要求的基础上，同意未在境内外上市的金融资产管理公司集团母公司适当简化信息披露内容；

（18）负责制定地方资产管理公司的监管规则；

（19）接受各省（区、市）人民政府地方金融监管部门报送地方资产管理公司设立的论证报告及相关材料；

（20）接受各省（区、市）人民政府地方金融监管部门就撤销地方资产管理公司参与本地区金融企业不良资产批量收购处置业务的资质书面征求意见。达成一致意见的，接受省（区、市）人民政府地方金融监管部门抄报撤销决定，并予以公布。

四、省级地方金融监管局

地方金融监管局对我国不良资产管理行业的监管职能主要见《中国银保监会办公厅关于加强地方资产管理公司监督管理工作的通知》，具体负责对本地区地方资产管理公司的日常监管，主要如下。

（1）对地方资产管理公司的设立从严把握，并对公司设立的可行性与必要性进行全方位论证，论证报告及相关材料报送原银保监会；

（2）接收地方资产管理公司变更名称、组织形式、注册资本、控股股东、住所等事项的事前书面报告；

（3）地方资产管理公司违法经营或有危及公司稳健运行、可能引发金融风险行为的，可对其采取责令限期改正、追究相关责任人责任等监管措施；

（4）地方资产管理公司严重违法经营的，可撤销该公司参与本地区金融企业不良资产批量收购处置业务的资质，但应书面征求原银保监会意见；

（5）监督解散或被依法宣告破产的地方资产管理公司清算过程。接收清算报告、清算期间收支报表和注册会计师验证报告；

（6）正确引导地方资产管理公司回归本源、专注主业、脱虚向实，促进地方资产管理公司向不良资产收购处置专营化发展，支持地方资产管理公司探索拓展主营业务模式，积极参与地方非银行金融机构、非存款类放贷组织等机构不良资产的收购与处置工作，协助地方政府有效防控区域金融风险，服务地方实体经济，更好地支持金融供给侧结构性改革；

（7）在监管工作中坚持问题导向，通过采取现场检查和非现场监管等多种方式，落实各项监管措施，压实监管责任，防范和化解地方资产管理公司经营风险；

（8）加强与原银保监会派出机构的沟通协调，建立地方资产管理公司监管信息共享机制，共同研究防范和化解区域金融风险、服务实体经济的监管措施；

（9）坚持宏观审慎管理与微观审慎监管相结合、机构监管与功能监管相结合的监管理念，加大市场摸底与排查力度，避免各地方资产管理公司违规或高风险经营，防止风险跨行业、跨市场、跨区域传导。

此外，为充分发挥地方资产管理公司盘活地方不良资产、防范和化解区域金融风险、服务实体经济的积极作用，鼓励地方政府及相关部门研究出台税收、资产处置、信贷支持、产业发展、司法和人才引进等方面的扶持政策，支持地方资产管理公司健康发展。

第四节 中国不良资产管理行业的主要监管内容

一、行业准入

我国不良资产管理行业监管机构对于金融资产管理公司、地方资产管理公司的行业准入要求，使得目前我国不良资产管理行业仍是持牌经营行业。

（一）金融资产管理公司准入

2000年国务院公布的《金融资产管理公司条例》规定，金融资产管理公司，是指经国务院决定设立的收购国有银行不良贷款，管理和处置因收购国有银行不良贷款形成的资产的国有独资非银行金融机构；金融资产管理公司的注册资本为人民币100亿元，由财政部核拨；金融资产管理公司由中国人民银行颁发《金融机构法人许可证》，并向工商行政管理部门依法办理登记；金融资产管理公司设立分支机构，须经财政部同意，并报中国人民银行批准，由中国人民银行颁发《金融机构营业许可证》，并向工商行政管理部门依法办理登记。2003年后，中国人民银行的前述相关监管职权由原银保监会履行。

2020年公布的《中国银保监会非银行金融机构行政许可事项实施办法》规定了金融资产管理公司申请设立分公司应当具备的条件、设立的分公司应当具备的条件，并要求金融资产管理公司筹建分公司、分公司开业应由拟设分公司所在地的原银保监会省级派出机构受理、审查并决定。

2021年原银保监会公布的《银行保险机构许可证管理办法》（银保监会令2021年第3号）规定，银行保险机构许可证的颁发、换发、收缴等由原银保监会及其授权的派出机构依法行使；银行保险机构开展金融业务，应当依法取得许可证和市场监督管理部门颁发的营业执照；其中，金融许可证适用于银行机构及其分支机构，以及金融资产管理公司等非银行金融机构及其分支机构。

（二）地方资产管理公司准入

2012年财政部、原银监会印发的《金融企业不良资产批量转让管理办法》和2013年原银监会印发的《关于地方资产管理公司开展金融企业不良资产批量收购处置业务资质认可条件等有关问题的通知》规定，各省、自治区、直辖市人民政府原则上只可设立或授权一家地方资产管理公司，参与本省（自治区、直辖市）范围内金融企业不良资产的批量收购、处置业务；核准设立或授权文件同时抄送财政部和原银监会；鼓励民间资本投资入股地方资产管理公司。

2016年原银监会印发《关于适当调整地方资产管理公司有关政策的函》，放宽《金融企业不良资产批量转让管理办法》关于各省级人民政府原则上可设立一家地方资产管理公司的限制，允许确有意愿的省级人民政府增设一家地方资产管理公司；省级人民政府增设一家地方资产管理公司，应当按照《中国银监会关于地方资产管理公司开展金融企业不良资产批量收购处置业务资质认可条件等有关问题的通知》规定的条件执行，并报原银监会公布。

2019年7月，原银保监会印发《关于加强地方资产管理公司监督管理工作的通知》，提出严格标准，把好市场入口和市场出口两道关。具体而言，各省（区、市）人民政府地方金融监管部门应严格遵守有关规定，对地方资产管理公司的设立从严把握，并对公司设立的可行性与必要性进行全方位论证，论证报告及相关材料报送原银保监会。事实上，原银监会批准地方资产管理公司集中在2015年下半年至2017年上半年的两年间，共批准了59家中的31家，而自2018年3月批准5家地方资产管理公司后时隔一年半，才于2019年10月新批地方资产管理公司。

二、业务范围

我国不良资产管理行业的业务范围，随着宏观经济、金融市场运行和行业发展不断调整，在强调坚守主业的同时，以推广至"大不良"范围为主要调整方向。

（一）金融资产管理公司业务范围

《金融资产管理公司条例》规定，金融资产管理公司在其收购的国有银行不良贷款范围内，管理和处置因收购国有银行不良贷款形成的资产时，可以从事下列业务活动：（1）追偿债务；（2）对所收购的不良贷款形成的资产进行租赁或者以其他形式转让、重组；(3)债权转股权，并对企业阶段性持股；(4)资产管理范围内公司的上市推荐及债券、股票承销；(5)发行金融债券，向金融机构借款；(6)财务及法律咨询，资产及项目评估；(7)中国人民银行、中国证券监督管理委员会批准的其他业务活动。此外，金融资产管理公司可以向中国人民银行申请再贷款。

2004年财政部印发的金融资产管理公司有关业务风险管理办法（财金〔2004〕40号，包括《金融资产管理公司投资业务风险管理办法》《金融资产管理公司委托代理业务风险管理办法》《金融资产管理公司商业化收购业务风险管理办法》）规定，金融资产管理公司可以开展投资业务、委托代理业务和商业化收购业务。[①]

2015年财政部、原银监会印发的《金融资产管理公司开展非金融机构不良资产业务管理办法》规定，金融资产管理公司可以通过收购、投资、受托管理，以及其他经监管部门认可的方式，开展非金融机构不良资产[②]业务。

2021年，原银保监会办公厅印发了《关于开展不良贷款转让试点工作的通知》，正式开展单户对公不良贷款转让和个人不良贷款批量转让试点，并将纳入不良分类的个人消费贷、信用卡透支、个人经营贷纳入转让范围。

[①] 投资业务，是指公司以提升资产处置回收价值为目的，运用现金资本金对其管理的政策性和商业化收购不良贷款的抵债实物资产追加必要投资，最终实现现金回收的投资行为。委托代理业务，是指公司接受委托方的委托，按双方约定，代理委托方对资产进行管理和处置的业务。商业化收购业务，是指公司根据市场原则购买出让方的资产，并对所收购的资产进行管理和处置，最终实现现金回收的业务。

[②] 非金融机构不良资产，指非金融机构所有，但不能为其带来经济利益，或带来的经济利益低于账面价值，已经发生价值贬损的资产（包括债权类不良资产、股权类不良资产、实物类不良资产），以及各类金融机构作为中间人受托管理其他法人或自然人财产形成的不良资产等其他经监管部门认可的不良资产。

2022年，原银保监会办公厅印发了《关于引导金融资产管理公司聚焦主业 积极参与中小金融机构改革化险的指导意见》，该文规定的可收购债权范围打破了原有五级分类的限制，更加关注债务人的综合资信情况和债权实际履行情况，可视为收购标准由五级分类转换为实质性违约，部分五级分类为正常类和关注类贷款纳入可批量转让范围。此外，该文鼓励金融资产管理公司接受金融监管部门、地方政府的委托，通过提供市场化估值定价、方案设计、顾问咨询等技术支持，履行受托管理职责，以轻资产方式积极参与地方中小金融机构风险化解。①

（二）地方资产管理公司业务范围

《金融企业不良资产批量转让管理办法》和《关于地方资产管理公司开展金融企业不良资产批量收购处置业务资质认可条件等有关问题的通知》规定，地方资产管理公司购入的不良资产应当采取债务重组的方式进行处置，不得对外转让。

《关于适当调整地方资产管理公司有关政策的函》放宽了《金融企业不良资产批量转让管理办法》关于地方资产管理公司收购的不良资产不得对外转让，只能进行债务重组的限制，允许以债务重组，对外转让等方式处置不良资产，对外转让的受让主体不受地域限制。

2019年原银保监会办公厅印发的《关于加强地方资产管理公司监督管理工作的通知》（银保监办发〔2019〕153号）规定，地方资产管理公司应坚持依法合规、稳健经营，以市场化方式、法治化原则、专业化手段开展不良资产收购处置业务，以防范和化解区域金融风险、

---

① 《关于开展不良贷款转让试点工作的通知》《关于引导金融资产管理公司聚焦主业 积极参与中小金融机构改革化险的指导意见》中对业务范围的规定同样适用于地方资产管理公司。

维护经济金融秩序、支持实体经济发展为主要经营目标。地方资产管理公司收购处置的不良资产应当符合真实、有效等条件，通过评估或估值程序进行市场公允定价，实现资产和风险的真实、完全转移。不得与转让方在转让合同等正式法律文件之外签订或达成影响资产和风险真实完全转移的改变交易结构、风险承担主体及相关权益转移过程的协议或约定，不得设置任何显性或隐性的回购条款，不得以任何形式帮助金融企业虚假出表掩盖不良资产，不得以收购不良资产名义为企业或项目提供融资，不得收购无实际对应资产和无真实交易背景的债权资产，不得向股东或关系人输送非法利益，不得以暴力或其他非法手段进行清收。地方资产管理公司不得收购经国务院批准列入全国企业政策性关闭破产计划的资产、国防军工等涉及国家安全和敏感信息的资产、在借款合同或担保合同中有限制转让条款的资产以及国家法律法规限制转让的其他资产。向不良资产收购处置专营化发展，支持地方资产管理公司探索拓展主营业务模式，积极参与地方非银行金融机构、非存款类放贷组织等机构不良资产的收购与处置工作，协助地方政府有效防控区域金融风险，服务地方实体经济，更好地支持金融供给侧结构性改革。

三、任职资格

《中国银保监会非银行金融机构行政许可事项实施办法》对包括金融资产管理公司在内的非银行金融机构董事和高级管理人员任职资格许可进行了规范，主要包括任职资格条件和任职资格许可程序两方面。

（一）任职资格条件

非银行金融机构董事会成员、高级管理人员，金融资产管理公司财务、内审部门负责人，分公司高级管理人员须经任职资格许可。金融资产管理公司境外全资附属或控股金融机构从境内聘任的董事长、副董事长、总经理、副总经理、总经理助理，不需申请核准任职资格，应当在任职后5日内向监管机构报告。

《中国银保监会非银行金融机构行政许可事项实施办法》还对申请非银行金融机构董事和高级管理人员任职资格，拟任人应当具备的基本条件进行了规定，并对不符合相关条件（具有良好的守法合规记录，具有良好的品行、声誉，具有良好的经济、金融从业记录，个人及家庭财务稳健，具有担任拟任职务所需的独立性）的情形进行了说明，提出了拟任人申请董事、独立董事、董事长、副董事长、高级管理人员（法人机构、子公司或分公司）应当具备的其他条件。

（二）任职资格许可程序

金融资产管理公司及其境外全资附属或控股金融机构申请核准董事和高级管理人员任职资格，由金融资产管理公司向原银保监会提交申请，原银保监会受理、审查并决定。非银行金融机构分公司申请核准高级管理人员任职资格，由其法人机构向分公司地市级派出机构或所在地省级派出机构提交申请，地市级派出机构或省级派出机构受理并初步审查、省级派出机构审查并决定。

非银行金融机构或其境内分支机构设立时，董事和高级管理人员的任职资格申请，按照该机构开业的许可程序一并受理、审查并决定。具有董事、高级管理人员任职资格且未连续中断任职1年以上的拟任人在同一法人机构内以及在同质同类机构间，同类性质平级调动职务（平级兼任）或改任（兼任）较低职务的，不需重新申请核准任职资格。拟任人应当在任职后5日内向原银保监会或任职机构所在地原银保监会派出机构报告。

本 章 小 结

经过20多年发展,中国不良资产管理行业的监管架构逐渐成形。本章从行业主要法律法规、监管机构、监管内容等角度出发,对中国不良资产管理行业的监管架构进行介绍。

行业的法律法规主要包括法律、法规、规章、司法解释及其他规范性文件等。其中,规范地方资产管理公司的主要为地方性法规和部分部门规章、司法解释,其余法律法规均主要对金融资产管理公司进行规范。

行业监管机构主要包括国务院、中国人民银行、财政部、国家金融监督管理总局（原银保监会）、省级地方金融监管局等。其中,监管地方资产管理公司的主要为国家金融监督管理总局（原银保监会）、省级地方金融监管局等,国务院、中国人民银行、财政部、国家金融监督管理总局（原银保监会）均对金融资产管理公司进行监管。

行业的监管内容主要包括行业准入、业务范围、任职资格等。其中,行业准入要求使得目前我国资产管理行业仍是持牌经营行业;业务范围随着宏观经济、金融市场运行和行业发展不断调整,在强调坚守主业的同时,以推广至"大不良"范围为主要调整方向;任职资格要求主要针对金融资产管理公司,涵盖了总部、分支机构的董事、高级管理人员等职位。

本章重要术语

不良资产管理行业监管机构　地方金融组织

复习思考题

1. 由原银保监会（或原银监会）单独或联合印发规范地方资产管理公司的规章制度主要有哪些？

2. 金融资产管理公司在管理和处置因收购国有银行不良贷款形成的资产时，可以从事哪些业务活动？

第九章

不良资产实务简介

从不良资产管理行业本身来说，行业所涉及领域较广，不良资产业务中往往涉及大量的金融、法律、评估等方面的知识，因此需要构建综合的知识能力体系。而近年来随着行业创新业务的不断发展，对从业人员的实务操作能力也提出了更高的要求。

中国不良资产管理行业随着1999年四大金融资产管理公司的相继成立而诞生，经历了从政策性展业到市场化转型，再到现在的全面市场化发展的不同阶段。随着大量资产管理公司不断涌现，收购和处置手段越来越多样化，也越来越市场化，从最初的自行收购和债权转让处置，到后来的受托收购和投行化处置，不良资产的内在价值得到不断深挖。

第一节 不良资产管理主要业务简介

一、收购业务

资产管理公司在充分尽调的基础上，根据公允价值，按照市场化原则收购不良资产出让方（包括银行、非银金融机构等）的资产，并对其管理和处置，最终收回资金，实现盈利。

不良资产的收购涉及牌照问题。根据监管规定，金融企业三户及以上不良资产组成的资产包转让对象必须是金融资产管理公司或地方资产管理公司；而三户以下的不良资产才能自由转让，不需要牌照。因此，收购业务也分成了自营收购和受托收购，另外还有远期收购。

（一）自营收购

自营收购业务指资产管理公司或投资机构向不良资产持有人直接

收购不良资产的交易行为。在不良资产收购市场中，五大金融资产管理公司（东方、信达、华融、长城、银河）、地方资产管理公司可以直接从金融企业购买三户及以上的一手资产包。单户或两户可由其他不良资产投资者进行投资收购。值得注意的是，各地方资产管理公司的自营收购也只能在自己授权经营的省市开展，而在非授权经营的省市不得开展，五大金融资产管理公司则没有此限制。

（二）受托收购

受托收购业务指持牌资产管理机构与二级市场投资者进行合作，充分利用二级市场投资者资金，采用完全受托收购或者联合收购的方式，收购一级市场的不良资产包，然后将不良资产包的权益全部或者部分进行转移。这种业务的产生主要由监管规定导致。一方面，民营投资者不能直接从银行手中收购三户及以上的资产包，必须委托持牌机构从银行手中收购不良资产；另一方面，地方资产管理公司只是授权在特定省市经营。如果跨省市经营，则不具有持牌资质，因此，不能直接从金融机构中批量收购不良资产，只能委托当地的地方资产管理公司或者五大金融资产管理公司收购金融机构的资产包。比如，浙商资产作为浙江的地方资产管理公司，可以在浙江直接从金融机构中批量购买不良资产包，但不得从省外金融机构中直接批量购买不良资产包，只能参与受托收购业务。受托收购业务的存在大大加强了不良资产市场的流动性。各地方资产管理公司、外资机构和国内民营投资者深耕地方区域，擅长处置特定领域的资产，或者有特殊的处置渠道，但受制于监管，只能委托持牌机构从金融机构中收购跨区域不良资产。

（三）远期收购

除了自营和受托收购业务外，还存在一种远期收购业务。理论上，远期收购业务只是自营和受托收购业务的一种表现形式。远期收购业务是指以银行、信托为主的金融机构在对部分中小企业发放贷款时，面临该部分中小企业的资质、现金流等方面不符合贷款发放要求的情况，持牌资产管理机构可与金融贷款机构、中小企业签订增信协议，约定如金融贷款机构对中小企业发放的贷款发生逾期，满足协议条件（贷款逾期期限及贷款划入风险资产）时，由持牌资产管理机构向金融贷款机构收购发生逾期的贷款债权，以此种交易模式为中小企业等借款人取得金融贷款机构贷款提供增信。此种业务对于三方都存在一定的好处。首先，资产管理公司从增信上收取一笔费用提高收入，同时锁定了一笔远期或有的不良资产。即使这笔贷款不幸成为不良贷款，资产管理公司也会以协议价格收购这笔资产，风险锁定。其次，中小企业受限于自己的资质，本来无法获得贷款，通过增信，从而获得银行的贷款，满足经营需求。最后，银行因为资产管理公司的增信措施，向中小企业发放贷款，从而完成任务。

二、处置业务

与不良资产的收购业务相比，其处置业务更为丰富。不良资产处置是通过发挥专业能力，综合运用多种处置手段与方法，对所持有的不良资产进行处置，以获取经济收益的经营活动。不良资产的处置方式有很多，且随着监管和市场要求不断在改变，目前主要分为传统处置和投行化处置。其中，传统处置手段包括直接催收、司法清收、债权/收益权转让、破产清收、资产证券化、委托处置等。投行化处置手段又包括债务重组、破产重整、共益债和市场化债转股等方式。

（一）传统处置

1. 直接催收

直接催收是指管理机构通过催收函、上门/电话催收、律师函等形式,向债务人及担保人进行催收,完成不良资产清收的业务。

从具体操作过程来看,管理机构接收不良资产后,通过包括但不限于寄送转让通知函、催收函、上门/电话催收、委托律师事务所出具律师函等方式,告知转让事实,催促债务人、担保人及时履行债务。

在催收过程中,保持监控债务人(担保人)的还款能力变化等情况,及时发送催收通知,尽可能收回贷款本息。当催收方式不能顺利实施时,应及时调整处置方式。尤其值得注意的是,在催收过程中应保存各项书面催收信息。

2. 司法清收。

司法清收业务是指管理机构通过向人民法院提起诉讼或向仲裁机构提起仲裁,通过司法强制程序向债务关联人进行追偿,实现收回现金或现金等价物的不良资产处置业务。根据资产回收方式可分为诉讼清收回款和通过司法执行程序实现的以物抵债,其中,以物抵债又可以分为抵押物抵债和非抵押物抵债。

(1)诉讼清收。诉讼清收是指权利人行使诉讼权利,通过司法程序(含诉讼、仲裁、申请公证执行)令债务人、担保人履行义务或采取强制手段令其履行义务,从而实现债权清偿或部分清偿的方式,即"打官司"。诉讼清收是最基本的债权价值实现形式之一,也是非诉讼手段用尽以后最底线的法律手段。

(2)以物抵债。司法清收中的以物抵债业务根据抵债资产的类型又可以分为抵押物抵债和非抵押物抵债。

① 抵押物抵债。抵押物在拍卖过程中,因流拍或因公司资产经营或抵押物拍卖价值过低,往往采用以物抵债。

② 非抵押物抵债。对债务人、保证人的财产(非抵押物)在拍卖

过程中，因流拍，申请以物抵债有利于债权权利实现的，可以申请以物抵债。

3. 债权/收益权转让

债权/债权收益权转让，指的是管理机构通过直接转让债权或者债权收益权的方式，将持有的不良债权处置，通过转让价差获取收益的方式。根据不同的收款方式，可以分为一次性收款、分期收款、配资转让等。

4. 破产清收

破产清收是指通过法律途径申请企业破产，清算企业全部破产财产以收回部分债权的处置方式。破产清算是指债务人不能清偿到期债务，并且资产不足以清偿全部债务或者明显缺乏清偿能力时，公司作为债权人向法院申请破产，通过分配破产财产的方式受偿的行为。

5. 资产证券化

不良资产证券化是指以银行或不良资产管理机构作为发起机构，将不良资产信托给受托机构，由受托机构以资产支持证券的形式向投资机构发行受益证券，以该财产所产生的现金流支付资产支持证券收益的结构化交易活动。在中国境内的不良资产证券化产品，包括在银行间市场发行的产品和在交易所市场发行的产品。其中，在银行间市场发行的不良资产证券化产品，须报送原银保监会审批；在证券市场发行的不良资产证券化产品，须报送证监会审批。

资产证券化是一种典型的金融创新工具，通过打包组合不良资产的结构化安排，使资产组合具备可预期的现金流，辅以增加信用的措施，以资产组合为标的资产发行证券，在资本市场进行销售。相比于传统的不良资产处置模式，不良资产证券化最显著的优势在于提高不良资产的流动性和处置效率，且有望获得更高的转让价格。目前，我国不良资产证券化仍属起步阶段，试点规模较小。长期来看，不良资产证券化将是化解和盘活不良资产的有效手段，未来有较大发展价值。

6. 委托处置

委托处置，是指管理机构与第三方协议，由第三方负责不良资产清收处置，并根据协议分享不良资产清收结果。根据风险是否转移，可以分为风险代理方式和清收合作方式。

风险代理是指管理机构委托时不支付委托费用，双方以实际回收的现金按约定比例进行分配的清收方式。受托方收取的报酬与清收结果直接挂钩（不包含常规诉讼代理），适用于纯保证或抵押物较难处置的情况。

清收合作是指双方协议，由第三方负责清收，第三方承诺保底清收金额，保底以上部分由双方协议约定分配；原则上第三方应支付全额保证金。

（二）投行化处置

不良资产的投行化处置业务是指不良资产管理机构运用投行化处置手段开展的不良资产处置业务。投行化处置手段是指基于不良债权的债务企业或项目的自身价值提升来获取对债权的正常回收。投行化处置手段往往涉及债务企业或项目的现金流恢复、信用修复和能力提升。

投行化处置手段的收益来源是债务企业或项目的信用修复或能力提升后对债务的正常偿还，可以视作从不良资产向正常资产转变的过程。投行化处置手段在价值提升和流动性改善两个方面提升不良资产价值，因此，往往在原有的债权之外，会增加或转化部分债权成为股权，分享企业价值提升和流动性修复的后期收益。

从以上的特点可以看出，传统处置方式的收益来源主要是价差。因此，核心是如何能够低价地从银行端获取资产包，通过处置手段快速地消化，银行在处置过程中居于中心地位，是一个围着银行转的过程。而投行化处置方式的收益来源是企业价值提升，因此，核心是如何尽快提升和改善企业的经营状况，恢复企业的造血功能，企业在处置过程中居于中心地位，是一个围着企业转的过程。

投行化处置方式包括债务重组、破产重整、共益债和市场化债转股等方式。

1. 债务重组

债务重组是指债务人出现实质性经营困难，根据书面协议或法院裁定，债权人就债务清偿作出让步重组。债务重组方式包括削减债务本金、利息、调整偿还方式等。

2. 破产重整

破产重整是指专门针对可能或已经具备破产条件但又有维持价值和再生希望的企业，经由各方利害关系人的申请，在法院的主持和利害关系人的参与下，进行业务上的重组和债务调整，以帮助债务人摆脱财务困境、恢复营业能力的处置方式。

3. 共益债

共益债是指公司以共益债的方式，对破产重整的企业进行投资，帮助企业维持正常经营、履行合同，企业对管理机构投入的共益债进行优先清偿并给予一定投资收益。

4. 市场化债转股

债转股是指由管理机构作为投资的主体，将持有的不良信贷资产转为对负债企业的股权，由原来的债权债务关系转变为管理机构与负债企业之间的股权关系。

债转股业务兼顾了债权人和债务人企业双方的利益。债权变股权，没有简单勾销债务，而是改变了偿债方式，从借贷关系改变成投资合作，既减轻了企业还债负担，债权人也获得了管理权和潜在的股权回报，是一种双赢的债务重组方案。

债转股能够降低负债企业的债务负担。具体而言，债转股将债权人持有的债务人企业的债权转为债务人企业的股权，能够降低债务人企业的杠杆率和财务成本，短期内提高企业利润、改善企业经营情况。债转股实施后，债权人成为债务人企业的股东，一定程度上能够参与企业经营，推动企业治理和经营改善。

对于债权人而言，通过债转股取得债务人企业的股权后，收益方式由原先的债务追偿改为股权收益，股权收益虽然更具不确定性，但是也存在更大的价值提升空间。

三、投资业务

不良资产的金融投资类业务是指以投资标准化金融产品的形式开展的不良资产投资和管理业务。金融投资类业务的投资环节可以视作收购不良资产，但是这一类不良资产的收购来源和资产形式与收购银行端不良资产有很大差别。首先，金融投资类业务的收购来源扩大到整个金融市场，而非局限于银行等金融机构。其次，投资的形式是标准化金融产品，与非标准化的债权不同。最后，投资的金融产品是以不良资产作为底层资产的证券化产品或风险企业股权、违约债券等形式，具有形式上的多样性特征。金融投资类业务的管理环节以投行化处置手段为主。与非标债权缺乏流动性不同，标准化金融产品一般具备流动性，可以通过金融市场进行份额转让退出。

金融投资类业务可以分为主动投资和被动投资两种。主动投资是将投资作为介入重组的手段，成为问题企业的股东或债权人，通过债权人会议或股东会议的方式影响投资企业，并运用投行化手段实现价值退出。主动投资主要充当管理人角色，一般会深度介入后期的重组过程，通过改善企业的经营能力和还款能力，提升投资收益，防范投资风险。被动投资是根据金融产品的设计规则通过持有到期或份额出售的方式获取收益。被动投资主要充当财务投资人的角色，一般不会介入后期的不良资产处置过程。

不良资产的金融投资类业务包括不良资产证券化产品投资业务、违约债券投资业务和上市公司股票质押纾困业务等。

（一）不良资产证券化产品投资业务

不良资产证券化产品投资业务是指管理机构投资银行或其他金融机构发行的基于不良资产作为底层资产的资产证券化产品。不良资产证券化产品一般分为优先级份额和次级份额。优先级份额为固定收益，次级份额为浮动收益。银行类机构是最大的优先级份额投资方。不良资产管理机构由于自身的能力特点和资金成本高于银行机构，往往投资于次级份额。与投资基于正常资产的证券化产品不同，基于不良资产的资产证券化产品的投资业务除考虑产品本身的持有到期兑付收益外，还需要考虑到远期不能兑付所触发的不良资产收购和管理动作。这样从投资到收购及处置的完整方案安排也隐含了远期不良收购与处置业务预案，体现了不良资产管理机构有别于一般投资机构的价值。

（二）违约债券投资业务

违约债券投资业务是指不良资产管理机构投资已经出现的违约债券，以获取信用修复后的债权清偿或后期介入重整机会的业务。

违约债权可分为担保债券和信用债券。在资本市场上，出现违约情况的以信用债券居多。违约信用债券作为纯信用担保所发行的债券，与多数有抵质押物作为担保的银行不良债权完全不同。由于其底层资产的差异，信用债券在受偿顺序上并没有优先受偿的资格。这样的情况决定了在处置方式上，管理机构不能采用常用的通过司法手段推动抵质押物拍卖的方式进行处置。管理机构开展违约债券投资多数采用投行化手段进行处置。从投资逻辑上来看，也可以分为主动型投资和被动型投资两种。主动型投资是以违约信用债作为进入手段，或整合已有债权，或推动债务重组等方式进行处置并退出。被动型投资则基于管理机构对企业只是处于暂时流动性困境的判断，或判断短期有明确的救助方介入。管理机构在折价较高的时点进行投资，而在暂时性危机度过之后，债券价值恢复，则通过债券市场交易退出。

（三）上市公司股票质押纾困业务

上市公司股票质押纾困业务是指通过收购上市公司股票质押类风险资产，并通过债务重组、债转股等方式为上市公司及其控股股东化解风险的业务。在运用不良资产专业能力做好自身风险防范的基础上，资产管理机构可通过债务人还款、减持或处置上市公司股票等多种路径实现退出，并有可能分享上市公司经营业绩及市值增长的超额回报。

四、管理业务

管理类业务是资产管理机构接受委托方委托或指定，对问题企业或问题资产进行管理的业务。主要依靠管理机构在不良资产管理和风险处置方面的能力和经验，在处置过程中化解金融风险，重塑企业价值，维持社会稳定。这类业务的特点是：首先，由于委托方以政府或法院为主，承担了高度的社会责任，是管理机构服务社会的体现，盈利不为主要目的；其次，在业务过程中主要体现的是管理机构的专业能力，而不是投资能力；最后，具备综合实力的管理机构在管理输出过程中也为其他业务开拓协同机会，形成协同效应。

（一）投行顾问业务

投行顾问业务属于广义的投行业务范围。狭义的投行业务包括证券公司的并购咨询、股票承销、债券承销三项牌照业务，而广义的投行业务包括更广泛的咨询顾问服务。对不良资产管理机构来说，可以提供如下投行顾问业务。

不良资产交易顾问业务是指根据金融机构或投资者要求，为其提供不良资产出售或收购过程中的卖方（或买方）尽职调查、定价等各类服务。

并购重组顾问服务是指从事企业改制、企业重组、产权交易、企业并购、投融资方案设计、管理层收购、企业财务管理等资本运营咨询的专业顾问业务。

破产清算咨询服务是指对目标企业的破产清算事宜提供相关政策、法规、财务等方面的咨询工作。

融资顾问服务是指通过对企业财务状况及融资需求的分析，进行融资产品及融资组合设计，并通过寻找投资方、提供金融辅助服务等途径，协助企业实现组合融资计划。

管理咨询服务是指根据企业需求，在公司规范运作、发展战略、行业研究、财务管理、股权激励计划等方面提供咨询服务的项目。

资产及项目评估服务是指资产管理公司作为中介机构对非关联性

企业开展清产核资、费用、财务收支审计等其他特殊目的审计、企业购并、分立及清算审计、验证企业资本、企业改制评估等业务。

（二）受托管理业务

受托管理通常指出资者或其代表在所有权不变的条件下，以契约形式在一定时期内将企业的法人财产权部分或全部让渡给管理机构经营或管理。

通常，受托管理企业存在经营不善等问题，债权人追索债权时企业变现收益过低，因此，会选出具有对应行业经营能力的托管人，由托管人对困境企业进行经营管理。在这种情形下，往往是困境企业所有人向政府求助，政府协调债务人并且选择托管人。

（三）破产管理业务

破产管理业务是指，在法院的指挥和监督之下全面接管拟关闭、破产、清算企业或金融机构的财产、负债和人员，并负责对其进行保管、清理、估价、处理和分配，以使其完成从市场退出的过程。

一般情况下，破产管理人由法院通过相关程序选定符合资质的律所或会计师事务所担任。资产管理公司在不良资产处置中积累了较多的经验和资源，也可作为管理人的角色，管理债务人的内部事务，包括但不限于人事、财务、档案管理、日常经营、资产保管处置等琐碎的管理性、经营性事务，提供相应的管理服务。

（四）基金管理业务

基金管理业务是指专业资管机构通过非公开方式向特定主体募集基金，建立不良资产基金，用于各类型不良资产的投资。其中，专业机构作为基金管理人负责基金全流程的"募、投、管、退"工作，在投资实施过程中考虑将来的权益增值、资产增值、退出机制等因素，最后通过资产处置、并购重组等多种方式取得收益。这类基金管理业务与通常意义上的投资基金具有较大的类似性，最大的区别在于其投向主要是针对不良资产领域。

第二节　不良资产法律实务

一、不良资产的法律体系

目前，我国关于不良资产的法律制度体系可以划分为几个层面。在法律层面，主要有《民事诉讼法》《商业银行法》《银行业监督管理法》和2021年正式实施的《民法典》等相关的法律。在法规层面，主要是指国务院制定的相关条例。在部门规章层面，对比前几个层面，规定数量相对较多，主要涵盖了以《金融企业国有资产评估监督管理暂行办法》为主的各项规定，还包括财政部和原银保监会发布的相关通知等。在规范性文件方面，规范性文件是这几个层面中最为全面出台也最为及时的，而且数量也是最多的。发布规定的部门主要有财政部、人民银行和原银保监会等。此外，还有一些司法解释和会议纪要。在具体的案件审理过程中，最高人民法院出台的司法解释和会议纪要也会对案件的审理产生重要的影响，如《关于审理涉及金融不良债权转让案件工作座谈会纪要》等，法官可在参考司法解释的基础上，作出合理判决。

总的来说，在我国现行的法律制度中，并没有关于不良资产这一方面的专门立法，最高等级的直接涉及不良资产经营管理的法律规定便是有关金融资产管理公司的行政法规。但相关法律制度基本涵盖了对不良资产进行收购和处置过程中涉及的方方面面，以及金融资产管理公司和地方资产管理公司等市场主体的权利和义务。

（一）不良资产经营管理法律范畴

1. 实体性法律规定

2021年正式实施的《民法典》吸收融合了《民法总则》《物权法》《合同法》《担保法》等9部单行性立法，已成为社会生活的统领性、百科全书式的法律文件，《民法典》各篇中均有涉及不良资产业务的基本规则，包括总则、物权、债权、个人信息保护等内容，并就不良资产区别于其他债权的特殊性而明确作出专门的、特别的规定，是管理不良资产的基础性法律依据。

2. 程序性法律规定

法律作为债权人确认不良资产权益的基本保证和实现不良资产权益的主要途径，不仅为债权人提供了实体法律保障，也建立了相应的程序性法律保障。作为民商事法律关系，不良资产的程序法律依据主要为《民事诉讼法》和《仲裁法》。

3. 司法解释

不良资产流转后，新债权人在权利的承接、新旧债权人和债务人、担保人之间关于债权债务关系的处理上出现了新问题、新纠纷，据此最高人民法院颁布了一些司法解释为人民法院的审判提供指导意见。

（二）商业银行不良资产处置的相关法律

在现行法律法规中，涉及商业银行不良资产处置的法律法规，有《商业银行法》《中国人民银行加强金融机构依法收贷、清收不良资产的法律指导意见》等。这些法律法规的发布，其目的是保护和规范商业银行的行为、保障商业银行的稳健运行、保护存款主体的合法权益、提高商业银行信贷资产的质量、加强银行业活动各个环节的监督管理、维护金融市场的稳定秩序，最终促进社会主义市场经济的发展。总体来说，这些法律法规对商业银行预防和监管不良资产作出了规定。

（三）不良资产管理的监管规定

除了法律制度外，以原银保监会、财政部为主的行政机关制定了一系列监管文件，对不良资产的实施主体、交易方案、交易程序等方面作出了更加具有针对性的规定，并随着市场环境的变化进行适时的调整、推陈出新，其监管的对象也从金融资产管理公司逐步扩大到地方资产管理公司。具体有以下内容。

《金融资产管理公司条例》（国务院令第297号）、《关于进一步规范金融资产管理公司不良债权转让有关问题的通知》（财金〔2005〕74号）、《金融资产管理公司资产处置管理办法（修订）》（财金〔2008〕85号）、《金融企业不良资产批量转让管理办法》（财金〔2012〕6号）、《关于地方资产管理公司开展金融企业不良资产批量收购处置业务资质、认可条件等有关问题的通知》（银监发〔2013〕45号）、《金融资产管理公司监管办法》（银监发〔2014〕41号）、《金融资产管理公司开展非金融机构不良资产业务管理办法》（财金〔2015〕56号）、《关于规范金融资产管理公司不良资产收购业务的通知》（银监办发〔2016〕56号）、《关于适当调整地方资产管理公司有关政策的函》（银监办便函〔2016〕1738号）、《关于公布云南省、海南省、湖北省、福建省、山东省、广西壮族自治区、天津市地方资产管理公司名单的通知》（银监办便函〔2017〕702号）、《关于加强地方资产管理公司监督管理工作的通知》（银保监办发〔2019〕153号）、《关于开展不良贷款转让试点工作的通知》（银保监办便函〔2021〕26号）等内容。

二、不良资产处置中的法律问题

（一）法律法规的适用性问题

在金融不良资产的处置问题方面，我国有着多层次的法律法规，如《商业银行法》《金融资产管理公司条例》《国有企业不良资产清理指导意见》等,进行了较全面的规定。但是相关法律规定存在一定的交叉和冲突,在实际运用过程中,由于法律适用问题而会产生法律冲突。为了解决各项法律规定的适用问题,最高人民法院公布并于2001年4月23日起施行的《最高人民法院关于审理涉及金融资产管理公司收购、管理、处置国有银行不良贷款形成的资产的案件适用法律若干问题的规定》(法释〔2001〕12号)(简称"十二条司法解释")。该规定明确了金融不良资产处置中的法律适用问题,在诉讼时效、管辖权归属、债务人通知等方面都作出了司法解释,为我国金融不良资产的处置工作奠定了法律基础。但随着《民法典》于2021年1月1日正式施行,十二条司法解释因《民法典》实施而被废止,目前未就金融不良资产相关法律作出新的司法解释。在旧规定废止、新规定未出之际,需厘清金融不良资产处置的相关法律法规,明确其法律的优先适用性。

(二)诉讼权管辖的法律问题

按照《中华人民共和国民事诉讼法》规定,金融不良资产相关诉讼问题的诉讼管辖权归属应该严格按照法律规定,即按照实际债务的归属权所属的银行所在地和债务公司实际所在地来归属诉讼权利。但是由于债务人和银行金融不良资产处置人可能存在地域差别,在实际诉讼过程中,诉讼权的归属会对案件的实际审判工作带来影响,造成双方就诉讼权归属问题产生法律纠纷。

(三)债权转让存在的法律问题

债权转让是我国处理金融不良资产的主要方式之一。《债权转让通知书》可以采取书面送达、公证送达、登报等多种方式,通知的形式并未作严格限定,只要意思送达即可。但是在实务操作中,为了规范行为、控制风险，在进行类似的告知行为时，最好采取寄送纸质告知函或者是电文送达的方式，保留送达记录，以便备用，防止出现法律纠纷。

（四）不良资产管理公司监管存在的法律问题

我国对不良资产管理公司的监管是一种由监管机构主导的多方共存的监管方式，这种监管方式工作效率低下，而且监管机构权责不清、边界不明，不仅影响金融不良资产的处置，也不利于监管工作的开展，同时会导致监管松散、以权谋私的现象出现，严重危害我国不良资产管理公司的发展，影响金融不良资产的管理工作。

三、清收处置中法律合规风险点揭示

在对不良资产进行清收处置时，一般都会采用六种手段，分别是诉讼追偿、催收、债权转让、债务重组、以物抵债、呆账核销。其中，诉讼追偿是指债权人为了让债务人和担保人履行债务，而选择以其作为被告，向拥有管辖权的法院提起诉讼，通过法律的途径要求债务人和担保人进行清偿。而催收就是指债权人直接向债务人进行催收，抑或委托其他第三方进行催收，通过向其发送催收函、通知书以及上门询问等方式，督促债务人偿还债务的一系列行为。而债权转让是指债权人在符合法律规定的前提下，以合理的市场价格将债权予以转让，由债权受让方享有权利。债务重组则是指债权人机构在推断债务人有可能不能按时对债务进行清偿的前提下，为了保障自身的基本权利或是减少损失，进而和债务人之间签订修改授信、偿还规划的合约，对金额、还款期限等合同内容进行修改，以实现债权的一种方式。以物抵债则是指债权人和债务人、担保人，甚至可能还有第三方之间进行协商后，抑或在人民法院、仲裁机构作出相应的判决和裁决后，用实

物资产或是财产权利来对债权进行抵消的行为。最后一种是呆账核销，这种方式是指金融机构对于满足财政部和原银监会认定属于资产损失的要求的，停止进行资产负债表内核算，转而纳入表外资产进行管理，还可以继续进行追偿的行为。

四、不良资产清收处置中法律合规风险防控措施

（一）综合运用各类诉讼手段，打击恶意逃废债行为

第一，及时使用撤销权，向法院提出申请，请求撤销债务人的恶意行为。第二，有效利用代位权，也就是说向法院请求以自己的名义代为行使债务人的债权，以此减少因为债务人的不作为可能造成的过大损失。第三，努力争取首封处置权，确保在进行清收工作时，始终处于主导地位。第四，即便借款人的主要资产已经被查封，银行也不能放弃轮候查封，以便能够参与分配。第五，主动使用不安抗辩权和禁止令等方式，在起诉前向法院申请财产保全，以预防会引发难以弥补的损失。第六，充分利用强制执行，以确保债权最终得以实现，提升执行效率。第七，利用好非诉程序，灵活运用担保物权、仲裁以及支付令等程序，提高工作效率，顺利完成清收。

（二）针对不同清收方式，实施重点防范措施

依照不同的清收手段，制定不同的防范措施。采取诉讼追偿手段的，应当全面收集证据，准确掌握诉讼时机、方法和标的物，以及时刻关注债权的诉讼时效等各项信息，确保债权及时有效的实现。采取直接或是委托第三方进行催收的，应当规制行为，催收记录也应当按照法律规定或是合同约定的方式发送和保留，同时还要筛选优秀的第三方机构，加强监督力度。采取协议转让手段的，应当履行通知义务，完善相关合约，以保证转让行为符合法律规定。采取债务重组方

式的,应当通过书面形式约定新条款并且符合法律规定,和债务人重新协商还款方案,实现有关担保条款。采取以物抵债方式的,应当保证抵债资产权属明晰,证件齐全,可以独立使用,能够进行评估并转换为财产,而且还可以在规定期间内及时处置。采取呆账核销方式的,应当遵从规定的批准权限和相关程序,准备好相关材料,严格按照程序进行。

(三)发挥清收处置信息价值,提高清收处置有效性

信息收集对于清收工作的进行起到举足轻重的作用,信息不对称会造成严重的损失。银行对于将要处分的资产应当做到详尽调查,以规避信息不对称导致的风险。充分运用管控过程中得到的最新信息,全面衡量并采用不同的处分手段。最大限度地收集各项可以证明处分方案符合法律规定的证据材料,而处分规划应当做到事实明确、资料齐全,并对提议的处分方式和定价凭据等进行充分的证明。在处分过程中也应当随时收集各方信息,积极联系相关部门,果断作出决定,努力做到价值最大化。

(四)对不良资产分类管理和处置,提高清收处置针对性

对不良资产先准确划分其所属类别,对于不同类型的资产采用不同的处分手段。对于单户金额较大、担保有效、债务人积极配合以及发展潜力较大的项目,可以通过资产重组的手段进行处分,帮助企业进一步发展,最终实现双赢的局面。对于债权债务关系明确,抵押物价值充分也容易评估的,可以通过以物抵债和资产转让的方式进行处分,加快工作进程。对于没有担保、担保无效或是担保物严重贬值的,企业也无法正常运营、缺少还款意向,甚至存在逃废目的的,应当立刻通过诉讼追偿的方式,快速收集各项线索,诉讼保全,以免造成更大的损失。

第三节 不良资产评估实务

一、资产评估与不良资产评估的关系

《资产评估法》中的资产评估是指评估机构及其评估专业人员根据委托对不动产、动产、无形资产、企业价值、资产损失或者其他经济权益进行评定、估算，并出具评估报告的专业服务行为。《国际评估准则》则将估值定义为通过应用评估准则确定资产或负债价值估计的行为或过程。故而资产评估本质上是一个价值判断的行为。

不良资产评估是指从技术分析的角度对估值基准日特定目的下不良资产的价值进行分析、估算，为即将发生的经济行为提供价值参考。不良资产定价则是综合多方面因素，决定资产收购或出售底价的过程。不良资产评估的本质就是基于尽职调查所获得的债务人及干系人可用于偿还债权人债务的财产线索的估算。

从不良资产经营管理的角度看，不良资产评估是不良资产管理的重要内容。从价值评估本身的技术性要求看，不良资产评估是资产评估的一种，是特殊目的下的资产评估。不良资产评估的基本理论、评估方法、评估要素、评估程序等均来源于资产评估理论，也具有市场性、公正性、专业性和咨询性的特点，有利于客观、合理地发现不良资产的价值。在实务操作过程中，不良资产评估应遵循资产价值评估的基本理论、评估方法、评估程序等相关要求。另外，不良资产评估作为不良资产管理的重要手段，为不良资产管理结构提供价值参考，其目的具有较强的针对性。与一般的资产评估的相比，不良资产评估还具有如下特点。

（一）不良资产评估本质是对可追偿财产线索的价值判断

投资人购置债权类不良资产后的主要收益来源于抵质押物的处置、

对担保人及债务人的追偿。故不良资产评估业务，本质上是对债务人和债务责任关联人可以偿还贷款资产线索的查证、资产变现值的估算、经营现金流的判定及其他任何可能偿还贷款的线索以及可回收贷款的判定。

（二）不良资产评估对象具有单一性和差异性

不良资产存在形式多样，有债权、物权、股权三种形态。不同的不良资产之间可比性差，尤其是随着交易结构的设计更加灵活，每项不良资产几乎都是根据不同的合约条款"量身定制"，其流动性、偿还期限、风险程度都有差异，使不良资产评估对象具有单一性和差异性。因此，对每一项待评估的不良资产，都需要分析研究其种类、特点和收益模式，不良资产评估应根据不同的评估对象、不同评估目的和不同的交易方式，结合具体的评估时点，采用不同的评估方法，才能正确反映不同不良资产的真实价值。

（三）不良资产评估需要关注金融市场的风险与不确定性

一方面，金融市场充满竞争、风险和不确定性，不良资产在未来到底能产生多大的预期收益，有相当的不确定性。因此，在不良资产评估实践中，需要高度关注金融市场可能存在的风险，并在参数确定和模型运用中充分考虑。另一方面，由于不良资产的流动性和价值波动性，被投资者的经营状况、宏观经济环境的不断变化都会影响不良资产的价值。如银行存款利率、通货膨胀率和宏观经济政策等，甚至国际金融市场的波动也会影响不良资产的价值，导致其随时都在发生变化，而评估是针对某一时点上的价值进行估算。因此，在评估实践中，评估基准日的选择要尽可能与评估结论使用时点接近，以提高不良资产评估价值的准确性。

（四）不良资产评估需要关注金融管制政策和市场调控政策

不良资产市场中有较强的信息不对称性。在不同的金融管制措施和金融市场调控政策下，不良资产价值会发生变化。因此，对不良资产进行评估，应充分考虑现行金融管制政策和金融市场调控政策等相关政策对不良资产价值的影响。评估专业人员需要密切关注不良资产评估涉及的法律、法规和规范性文件，并充分考虑其对评估风险的影响。在估算不良资产价值时，评估专业人员不仅要关注金融监管指标，还需要关注金融行业的风险指标变化趋势及金融企业客户的风险偏好程度对不良资产价值的影响。评估专业人员应不断加强对宏观经济形势的研究及对相关金融政策的把握，进而提高不良资产价值评估的准确性。

二、资产评估在不良资产管理中的作用

（一）提供基本价值尺度

不良资产的现实价格处于不断的变化之中，那些不以公允价值计量的不良资产的账面价值难以反映资产的真实价值，通常不能为交易双方提供公平交易的尺度，以资产评估技术提供的不良资产公允市场价值则成为不良资产交易的价值尺度，不良资产评估也自然成为不良资产交易的基础。

不良资产交易不同于一般商品的交易，更不同于一般资产和产权的交易。一般商品交易具有同质性、反复性、可比性等特点，在无数次交易中，市场价值成为市场本身的信息，成为调节买者和卖者经济关系的尺度。一般资产和产权交易尽管不具备一般商品的可比性和反复性，但由于其大众化的特性，在很多交易中，市场价值也能够成为市场本身的信息，成为调节买者和卖者经济关系的尺度。而不良资产本身十分复杂，不同不良资产之间千差万别，基本不存在比较的可能性，市场已有的信息本身由于交易对象的差别性，就不具有作为现实

产权交易尺度的市场价值的属性。因而，在模拟市场基础上采用评估技术得出的市场价值，自然充当了不良资产交易的价值尺度。

（二）促进资产交易

在我国，资产管理公司以最大限度回收不良资产价值为主要经营目标。在政策性业务中，金融资产管理公司与财政部形成委托—处置关系，为此引入评估机制，妥善地协调这种关系，以使得处置收益最大化；在商业化业务中，不良资产管理公司引入评估，将评估作为定价的工具，为处置不良资产定价服务。资产管理公司和商业银行处置不良贷款的评估实践，极大降低了银行贷款的损失，也丰富了资产评估的专业实践。

（三）防范金融风险

商业银行是金融体系的重要组成部分。贷款业务是商业银行最重要的表内资产业务。贷款损失风险的防范，是商业银行不可回避的、持续的核心内容之一。商业银行在贷款发放与管理、回收与处置全程风险管理中，涉及以物担保的，对债权保证物的价值进行评估，以此判断贷款风险的程度和债权权利实现的程度，在很大程度上保证了银行债权权利的安全。银行发放贷款，对抵押物进行评估（抵押贷款评估），是国际银行业成熟的做法，也是中外评估实践的重要领域和评估行业的传统业务。

同时，由于不良资产管理行业属于资金密集型行业，因此，对不良资产的定价显得十分重要，当然对其定价也极为复杂，需要高难度数学模型来完成。这是资产评估发展的空间所在。

三、不良资产评估方法

不良资产的定价研究自2004年开始慢慢兴起，各种各样的方法和计算模型被不断提出。下面简要概括目前主流的不良资产评估方法。

（一）成本法

成本法是指按照重建或者重置评估对象的思路，将评估对象的重建或者重置成本作为确定资产价值的基础并扣除相关贬值，以确定资产价值的评估方法的总称。

在条件允许的情况下，任何潜在的投资者在决定投资某项资产时，所愿意支付的价格不会超过购建该项资产的现行购建成本。如果投资对象并非全新，投资者所愿支付的价格会在投资对象全新的购建成本的基础上扣除各种贬值因素。上述评估思路可概括为：

资产估值结果=资产的重置成本−资产实体性贬值−资产功能性贬值−资产经济性贬值

成本法通过资产的重置成本扣减各种贬值来反映资产价值，只有当资产能够继续使用并且在持续使用中为所有者或控制者带来经济利益时，即资产具有经济效用时，其重置成本才能为潜在投资者和市场所承认和接受。从这个意义上讲，成本法主要适用于继续使用前提下的资产评估。对于非继续使用前提下的资产，如果运用成本法进行评估，需对成本法的基本要素作必要的调整。

（二）市场法

市场法是指通过将评估对象与可比参照物进行比较，以可比参照物的市场价格为基础确定评估对象价值的评估方法的总称。市场法依据替代原则，采用比较和类比的思路，利用实际发生、已被市场检验过的类似资产的成交价格来求取评估对象的价值，是一种最直接、最有说服力的评估方法，其测算结果易于被人们理解、认可和接受，使用市场法进行评估应满足两个前提条件。一是要具有活跃的公开市场，即交易双方自愿、平等参与交易，交易的目的在于最大限度地追求经济利益，交易各方掌握必要的市场信息，对交易对象具有必要的专业知识，有较充裕的时间进行交易，交易条件公开并不具有排他性。二是公开市场上要具有可比性的资产及其交易活动作为评估参照物，即参照物与评估对象在功能上具有可比性，参照物与评估对象面临的市场条件具有可比性，参照物成交时间与评估基准日相近，且时间对资产价值的影响可以调整。

（三）收益法

收益法是指将评估对象的预期收益资本化或者折现，以确定其价值的各种评估方法的总称。收益法服从资产评估中将利求本的思路。具体而言，收益法评估就是预计评估对象未来正常净收益，选用适当的报酬率或资本化率将其折现到评估基准日后累加，将未来收益转换为现值，得到评估对象的价值或价格。采用收益法估值较能为评估各方所接受，故收益法是较为常用的一种评估方法。

对于可独立经营或具有潜在收益的资产，如收益性房地产、成套机器设备、可独立作业的交通运输工具、森林资源等资源资产、知识产权等无形资产、债券或股权等长期投资，一般都可以使用收益法评估。使用其他评估方法时，某些评估参数可以使用收益法获得，如应用收益法确定机器设备的功能性贬值和经济性贬值等。

收益法并不限于评估对象现在是否有收益，只要评估对象有获取收益的能力即可。例如，目前为自用的住宅，虽然没有实际收益，但却具有潜在收益，因为类似住宅可以以出租方式获取收益，可将该住宅假设为出租的情况下来运用收益法评估。但对于行政办公楼、学校、博物馆等公用、公益性房地产以及不具备独立获利能力的单项机器设备等，一般不能使用收益法评估。

四、不良资产估值难点分析

在不良资产的整体评估中，目前尚未出现可靠有效的方法可以直接对打包资产进行合理估值，实务中还是以将资产包拆分成一个个独立的不良资产进行单独评估为主要方法，在对于包内含大量单项资产且在该地区有过大量不良资产已完成处置的前提下，会考虑使用回归分析法建立经验方程来减少工作量，但该情况仍为极个别现象，究其原因，主要是不良资产的评估中有三大难点不能够有效克服。

（一）不良资产包内资产可获得信息量小，信息质量差

与单项不良资产相比，资产管理公司打包收购的不良资产包往往不能获得充足的评估所需信息，即使经过尽职调查人员的调查，也仍旧存在评估中的客观依据还很不充分的情况，很多时候必须更多地借助评估人员的主观判断来进行价值评估。这就产生了由于主观判断所带来的估值误差，往往使得评估值和处置结果有较大的出入，不能够保证评估的准确性。除此之外，由于很多债务企业没有完善真实的财务资料，提供给尽职调查人员的财务信息存在失真现象，这种原始数据失真同样会导致评估结果产生较大误差，且这种误差难以被评估人员主观发现。

（二）不良资产包内资产数量浮动较大

资产管理公司从银行收购的不良资产包有大有小，多的可达几百甚至上千个单项资产，而少的可能只有两到三项，这种包内资产数量的浮动使得很多需要借助数据量来使包内每个单项资产产生的误差相互抵消的估值方法不能适用于所有情况。目前，主流研究不良资产包评估的方法通常是采用经验方程或平均回收率，二者皆可认为在一定误差范围内是较精确的。在大量的单项资产互相抵消误差的情况下，估值精度随包内资产数量的上升而上升，因此，主流的方法并不适用于包内只含少量资产的小型不良资产包。而实际情况是，资产管理公司收购的资产包以中小型资产包为主，目前在评估实务中，对于这种中小型不良资产包普遍使用的是拆分成独立的单项资产进行估值。对于整体估值而言，目前尚无较成熟的方法。

（三）不良资产市场尚不成熟，无法依靠历史数据

由于第一个难点的关系，对不良资产包的估值往往不能只依靠包内可获得的信息，通常还需要搜集市场中已经完成处置的不良资产的历史数据来辅助建立估值模型。这种计算方法要求搜集到的历史数据应来源于一个活跃且较成熟的市场，市场上的历史成交价格所对应的债权回收率应在一定允许的误差范围内反映债权的市场价值。但实际上由于我国的不良资产处置市场参与度较低，且包含很多所谓的内部交易，以及参与资产处置的双方都不能准确评估待估资产的价值，致使实际的成交价格往往低于债权的实际价值。因此，若使用这样的历史数据来辅助建立经验方程或者计算平均回收率，往往会低估不良资产的价值，使得评估结果的精确性大打折扣。

本 章 小 结

目前，不良资产管理市场已进入全面市场化发展阶段，业务类型也越来越多样化和市场化。从大类上分，不良资产管理主要业务可以分为收购业务、处置业务、投资业务和管理业务。其中，收购业务可以分成自营收购和受托收购；在处置业务中，传统处置手段包括直接催收、司法清收、债权/收益权转让、破产清收、资产证券化、委

托处置等，投行化处置手段包括债务重组、破产重整、共益债和市场化债转股等方式；投资业务包括不良资产证券化产品投资业务、违约信用债投资业务、上市公司纾困业务和其他类投资业务等；管理业务主要包括投行顾问业务、受托管理业务、破产管理业务和基金管理业务。

从业务开展法律实务看，尽管没有专门的不良资产经营管理立法，但相关法律制度基本涵盖了不良资产业务开展的各个环节。不过，在业务开展中，仍然需要注意法律法规的适用性问题、诉讼权管辖的法律问题、债权转让存在的法律问题和不良资产管理公司监管存在的法律问题。

从业务开展评估实务看，资产评估在不良资产管理中起到了提供基本价值尺度、促进资产交易和防范金融风险的重要作用。主流的资产评估方法即成本法、市场法和收益法亦同样适用于各类型的不良资产评估。在不良资产评估中，存在包内资产可获得信息量小、信息质量差、历史经验数据缺乏等困难需要加以克服。

本章重要术语

收购业务　处置业务　不良资产评估　诉讼管辖　撤销权　诉讼保全

复习思考题

1. 传统不良资产处置和投行化不良资产处置业务分别包含哪些方式?
2. 债权转让后可采用哪些方式进行送达公告?
3. 如何界定诉讼管辖问题?
4. 什么是特殊资产评估的现实性风险?

第十章

中国不良资产管理行业发展趋势

从行业发展总体脉络的视角来看，不良资产行业已经从早期的政策驱动为主的阶段，进入市场化深度发展阶段。市场对于不良资产的认知在逐渐加深，行业参与者也不断增多，各类持牌机构已经近70家，非持牌机构则有千余家，中介机构体系已经较为完备，一二级市场的上下游体系较为明晰，行业的市场竞争格局框架基本建立。

不良资产管理行业在国外有几十年的发展历史，中国从1999年建立四大金融资产管理公司算起也有超过20年的历史。中国不良资产管理行业这些年的发展也是一个从无到有、市场化程度不断提升的过程，发展到现在可以说已经具备了一个行业所应具有的初步市场形态，无论是政策法规、市场规模、行业参与者还是市场交易平台，都有了较好的发展基础。

当然，我们也要看到随着行业内外部环境的变化以及市场的深化发展，行业未来所面对的市场将更加多元，业态复杂程度将更高，竞争也会逐渐加剧。因此，对未来行业发展趋势进行探讨就显得十分必要，这也是行业监管者以及从业者都要深入思考的问题。

第一节　行业生态发展趋势

从行业发展总体脉络的视角来看，不良资产行业已经从早期的政策驱动为主的阶段，进入市场化深度发展阶段。市场对于不良资产的认知在逐渐加深，行业参与者也不断增多，各类持牌机构已经近70家，非持牌机构则有千余家，中介机构体系已经较为完备，一二级市场的上下游体系较为明晰，行业的市场竞争格局框架基本建立。不良资产行业从小众逐渐走向了一个正规的金融领域细分子行业。行业形态的渐进式成型对于行业的稳健发展来说是一个重要因素，这属于行业发展的内部软环境。

外部宏观大环境与行业内部软环境是不良资产行业发展的重要基础，在此基础上根据行业的阶段性特点来研判行业发展情况更是把握行业机会的关键，这也是行业从业者所要着重掌握的。从现实性的发展环境来看，新冠肺炎疫情蔓延全球是令人措手不及的突发事件。全球的经济发展主要看各国的经济走势，目前来看，全球经济持续保持低增长是大概率事件。

新冠肺炎疫情带来的经济波动给各个行业带来了不同的影响。从不良资产行业来看，这个外部冲击既给了行业较大的潜在发展空间（各类不良资产有了相当增幅，而且是全球性不良资产增加），也使行业面临了诸多巨大的挑战（处置难度加大、资产价格波动、所涉及的实体经济行业周期性风险等）。用风险与机遇并存来描述当下不良资产行业的发展环境再恰当不过。未来全球经济会走向何处，从目前来看还是存在较大的不确定性。但总体来看，疫情延续下的经济金融发展不确定性的增加，给不良资产行业带来了较大的发展空间，甚至可以说，未来至少是不良资产的黄金时期。

在这种外部发展背景之下，资产管理公司可以在处置不良资产、盘活存量资产、防范和化解金融风险、支持实体经济发展等方面发挥积极作用。从一个更高的层面来看，资产管理公司可以在经济循环中打通循环堵点、优化循环路径、连接循环断点，从而为畅通国内大循环乃至加快构建新发展格局提供强有力支撑。目前，我国不良资产处置行业已形成"5+地方系+银行系+外资系+N"的市场竞争格局。近年来，监管要求四大金融资产管理公司回归主业，逐步剥离非不良资产业务。由此，四大金融资产管理公司从2019年开始在不良资产市场高举高打，积极拿包，市场占有率不断上升，其市场地位难以撼动。2021年1月，全国第五大金融资产管理公司——中国银河资产管理有限责任公司正式开业。未来可以预计五家全国性金融资产管理公司依然在不良资产管理行业中占据稳固地位。

地方资产管理公司深耕区域，运用差异化发展策略，与全国性金融资产管理公司错位竞争。与全国性金融资产管理公司相比，地方资产管理公司的资金实力、经营能力较弱，在大规模的不良资产处置业务方面竞争力不足，抗风险能力也较差。因此，地方资产管理公司纷纷加速混改、引战、增资，扩大资本规模、增强资本实力。同时，在监管塑形引导下，地方资产管理公司也在不断提高自身业务能力，凭借属地区域的地方性资源以及差异化经营策略，转向深度经营区域内的不良资产，同时不断创新特色化的业务模式，与全国性金融资产管理公司形成错位竞争，未来地方资产管理公司尤其是发展较好的地方资产管理公司，会成为行业中的重要力量。

银行系金融资产投资公司持续在债转股领域发力，并不断拓展新领域。金融资产投资公司属于银行系机构，后续依靠体系优势具有较大的发展空间。虽然当前金融资产投资公司主要收购银行对企业的债权，但其业务范围在逐渐拓宽。2020年3月30日，原银保监会发布银保监复〔2020〕168号文，同意交银金融资产投资公司通过附属机构——交银资本管理有限公司在上海开展不以债转股为目的的股权投资业务。这意味着原本专为债转股设立的银行系金融资产投资公司可以从事非债转股业务。未来金融资产投资公司的发展应有一定潜力，这是市场参与者要关注的。

不良资产市场的蓬勃发展吸引了大量非持牌投资机构进入，包括民营资管公司、外资机构、上市公司以及一部分国有企业等。据有关媒体报道，截至2020年年底，涉及不良资产处置的注册公司有一万三千家，2020年新增的不良处置公司超过3,000家，一年内的新增数量占比接近25%，不过在疫情影响之下部分非持牌机构由于市场压力而退出了市场，当然这属于正常的市场波动现象。非持牌机构作为非持牌的市场参与机构由于不具有批量受让金融机构不良资产的资质，在不良资产一级市场参与度较低，而在二级市场发挥了重要作用。二级市场属于市场化程度较高的市场，而非持牌机构大都属于民营或外资机构，其经营机制较为灵活，处置手段较为丰富，在市场化程度较高的竞争中锻炼了较强的处置能力。在某种程度上可以认为这些非持牌机构是最具有市场竞争力的参与者。

对于一个完备成熟的市场来说，一二级市场都很重要，在某种程度上看，二级市场甚至更加重要，因为市场的终端是二级市场，二级市场也是市场化程度较高的市场，资产最终处置与否也与二级市场密切相关，而非持牌机构所具有的能力是真正的市场化能力。因此，二级市场上的非持牌机构是未来不良资产市场发展的关键力量，同时也是市场是否能够有效运转的核心所在。

第二节　行业监管发展趋势

近几年来，整个金融监管都是严监管趋势，2022年中央经济工作会议提出要有效防范化解重大经济金融风险。要确保房地产市场平稳发展，扎实做好保交楼、保民生、保稳定各项工作，满足行业合理融资需求，推动行业重组并购，有效防范化解优质头部房企风险，改善资产负债状况，同时要坚决依法打击违法犯罪行为。要因城施策，支持刚性和改善性住房需求，解决好新市民、青年人等住房问题，探索长租房市场建设。要坚持房子是用来住的、不是用来炒的定位，推动房地产业向新发展模式平稳过渡。要防范化解金融风险，压实各方责任，防止形成区域性、系统性金融风险。加强党中央对金融工作集中统一领导。要防范化解地方政府债务风险，坚决遏制增量、化解存量。

中国人民银行2023年工作会议指出持续推动金融风险防范化解，进一步发挥国务院金融委办公室牵头抓总作用，健全金融稳定保障基金管理制度。中国原银保监会在深入学习中央经济工作会议和中央农村工作会议精神会议上指出要坚决防范化解金融领域重大风险；坚持"一行一策""一司一策"，加快推进中小银行保险机构改革化险；前瞻应对信贷资产质量劣变风险，鼓励银行机构加大不良资产处置力度，推动中小银行加快处置不良贷款试点落地；促进金融与房地产正常循环，做好"保交楼、保民生、保稳定"工作，满足房地产市场合理融资需求，改善优质房企资产负债表。坚持"房住不炒"定位，"因城施策"实施差别化住房信贷政策，满足刚性和改善性住房需求，支持长租房市场建设，推动房地产业向新发展模式平稳过渡；配合化解地方政府隐性债务风险；坚守私募和公募、投资与信贷、股权与债权的区别，严防各类高风险影子银行死灰复燃，及时查处宣扬"保本高收益"的欺诈行为，严厉打击违法违规金融活动；强化金融稳定保障体系，牢牢守住不发生区域性、系统性金融风险底线。

这表明未来将会继续延续规范化、制度化的防化金融风险路径，而且从时间维度来看，这种趋势会延续一个相当长的时期。制度化与规范化是大势所趋，金融领域监管只会越来越严，如何能够跟上监管要求，实现监管与发展的有机融合，这是行业从业者所要高度关注的。

可以看出今后一段时间，"统筹做好重大金融风险防范化解工作"仍然是重点工作方向。"以经济高质量发展化解系统性风险"，通过经济规模体量的增长来起到风险稀释的效果，同时经济的增长又需要具有健康、平衡、高质量特征。资产管理公司在参与化解企业债务风险时，也要考虑在处置风险时尽可能地实现企业现有的优质业务平稳运营，这样就可以最大化实现危困企业的经营持续性。

对于不良资产行业来说，行业监管也在逐渐加强，四大金融资产管理公司强力回归主业就是监管加强的具体表现，尤其是四大金融资产管理公司纷纷瘦身，剥离非不良资产主业业务。从《银行业信贷资产登记流转中心不良贷款转让业务规则（试行）》可以看出，个贷和单户不良资产转让进入统一交易场所的规则的范畴，这也是真正意义上的全国性不良资产转让交易平台，未来是否会延伸到批量转让业务，还有待观察。2021年7月，原银保监会就《地方资产管理公司监督管理暂行办法》征求意见。12月，中国人民银行就《地方金融监督管理条例（草案征求意见稿）》公开征求意见。《地方资产管理公司监督管理暂行办法》中包含地方资产管理公司收购处置不良资产不能出省、外地分支机构不能做主业、新增不良资产规模的投资占比要求等；《地方金融监督管理条例（草案征求意见稿）》也包含了地方资产管理公司在内的7类金融机构被定性为地方金融组织，未经批准不得跨省展业。此外，2021年中央审计署各地办事处派出审计组进驻20多家地方资产管理公司，首次开启针对地方资产管理公司业务合规、主业经营及公司治理等方面的审计工作。

随着未来面向地方资产管理公司的《地方资产管理公司监督管理暂行办法》《地方金融监督管理条例》等监管政策逐步到位，行业规则体系逐步完备，对于主营业务范围、展业区域、操作细则等各项定义、认知的界定将更为清晰，对于规范和引导不良资产行业整体的良性发展有着长远意义。在此之前，已经有部分省份在省级层面制定了有关地方资产管理公司的监管办法，未来统一监管意味着地方资产管理公司将告别各自为政、法律定位不明的发展现状，从其设立流程、经营范围、禁止性规定等都将有一个纲领性文件为指引。这对于地方资产管理公司来说是利好消息，地方资产管理公司要积极对接监管，提前做好相应业务调整优化工作。地方资产管理公司合规化经营是未来顺应监管的长久之策。

第三节 行业市场发展趋势

一、市场供给总体尚足

当前我国经济发展所面临的内外部条件存在较大的不确定性，在新冠肺炎疫情与国际金融市场波动的双重影响下，经济下行压力逐渐加大。在这个过程中，银行的一些风险就逐渐暴露了出来，这也体现出我们在经济转型中确实还存在着一些令人担忧的因素。比如，企业的破产或倒闭情况近两年明显增多，尤其是一些大企业出现了危机，整个房地产行业也受行业监管政策、经济增速放缓等因素影响进入下行周期。绝大部分企业在疫情影响下经营压力有所增加，尤其是中小企业遇到的压力更大，还有些影响因素会滞后显现。我们可以预计未来一段时期银行不良资产会有相当数量的增加。不过监管机构根据情况已经降低了不良资产监管容忍度，而且银行体系拨备较为充足，目前还是以自身处置及核销作为主要手段。因此，市场供给量增幅应该会小于市场的乐观预期，出现小幅增长的态势。商业银行不良资产供给也会延续之前所表现出的一些结构性特征，以部分城商行以及农商行为代表的中小型银行不良资产生成要快于大中型银行，部分中西部地区的不良资产增量要高于东部地区，区域性轮动效应逐渐显现。

在行业总体市场空间增加的形势下，其他类型不良资产增加较多，而且有些类型不良资产增速要远高于银行不良资产，如信托不良资产、融资租赁不良资产、违约信用债、小贷不良资产等类型的不良资产预计会呈现持续增长的趋势。不良资产类型多元化格局逐渐凸显，今后出现专业性的不良资产处置机构是个大趋势，也就是说不良资产处置的专业化特征会逐渐明晰，不同类型的不良资产细分市场会出现本领域的行业高手。今后特别要关注的是一些大型企业的债务危机化解以及破产重整。这些企业不良资产体量较大，其中一些业务板块中的资产具有较好的价值。当然处置这些不良资产需要的是投行手段与产业运作的有效融合，这也是行业参与者今后要重点发展的方向。

（一）银行不良资产存量较大，但有效供给不足

从2014年开始，商业银行不良贷款总量的增长速度较快，到近两年来增速有所放缓，但总量规模一直在攀升。目前，商业银行不良资产的总量已达到3万亿级规模，市场已进入不良资产的"存量时代"。同时，我们也要看到尽管银行不良资产总量较大，但是银行对外转让不良资产的比例不高，从上市银行披露的不良资产对外转让数据来看，不良资产对外转让的比例较低，主要以核销等方式进行处置。从对各地市场调研的情况来看也是如此，大部分银行对外转让不良资产包逐渐减少。也就是说，尽管市场存量较大，但银行不良资产的有效供给走低，这是行业参与者要高度关注的。

（二）非银行类不良资产市场供给充足

"东方不亮西方亮"这句熟语告诉我们：一个市场出现偏弱的时

候，其他市场可能会走强。我们可以看到，近两年除了银行作为不良资产的主战场之外，其他类型不良资产分战场的增长较快。从类型来看，包括违约信托、违约债券、金融租赁不良资产、融资租赁不良资产、企业破产资产、不良ABS等，这也反映了不良资产市场的多样化程度逐渐显现。从规模来看，随着经济下行压力加大以及疫情等因素，非银行类不良资产生成较多，数量规模也不断增多，未来有着较大的市场空间，市场供给较为充足，可以说是不良资产未来的蓝海市场，或者说是除了银行之外的第二战场。以下以4类非银不良资产视角进行具体分析。

1. 信托违约风险

2022年1—11月，违约信托产品数量共188起，违约规模共1,164亿元，主要集中在房地产领域，规模占比达到了74%。当然以上统计是基于可掌握的公开市场数据，中国信托业协会从2020年一季度以来就不再公布违约信托的数量，我们只能根据市场披露的信息来进行汇总分析。从现有的数据可以看到，信托不良资产的规模已不容小觑，而且在经济下行、疫情以及房地产行业承压的影响下，未来应该还会有一定规模的增长。违约信托项目目前主要以单体项目为主，而其中又以房地产项目为多。随着房地产行业近几年出现了较大的波动，违约信托项目的数量及规模应该有较大的增长。从处置角度来看这也是以后市场的一个方向——单体房地产项目的处置。随着房地产行业政策的不断优化调整，后续处置工作会有一个逐渐复苏的趋势，这是行业参与者要高度关注的。

2. 违约债券

违约债券从2018年开始就已进入上升通道，违约只数和规模总体呈上升趋势，爆雷事件屡见不鲜。在信用债市场上，很多中部省份的国有企业实质性违约，打破"国企信仰"，造成市场震动。进入2022年，违约债券为162只，同比减少17%；违约规模为768亿元，同比减少59%。从数据来看已从高位回落，但具体情况是部分债券以展期形式形成了对违约的明显替代，企业的实质性风险依然存在。因此，风险债券的存量规模仍然较大。能够发行债券的企业在整个中国的企业群体里面是比较优质的。如果这个群体的违约率、违约规模如此增长，说明市场上一些企业已面临比较大的经营风险。违约债券的处置也是资产管理公司未来需要拓展的业务领域。从市场上相关违约债券处置案例来看，目前成功的处置案例较少，处置方式也要进一步拓展，参照传统不良资产处置模式以及投行化手段是处置违约债券的一个可行路径。

3. 企业破产资产

近两年受疫情的影响，破产的企业数量增加了很多。仅从破产的公告来看，据不完全统计，2022年破产案件的相关公告共计87,454件，同比增加48%；企业预重整公告为797件，同比增加115%；重整计划草案公告为104件，同比增加112%。破产重整也是资产管理公司近两年的一个着力点，很多公司（包括上市公司）都进入破产重整的阶段，这个领域所涉及的资产规模较大，相关利益群体也较多，更加考验真正的资产盘活重整能力，而且市场空间较大。因此，破产重整也是未来的一个发展方向。

4. 不良ABS

2022年不良贷款ABS发行69只，同比增加10%；发行金额为320亿元，同比增长7%。六大行仍是发行主力，股份行和地方银行持续发力。因此，不良ABS也是很多资产管理公司的一个比较火热的投资领域，相当一部分地方资产管理公司已经逐渐发展成为专业的不良ABS次级投资者。早些年，次级部分市场关注度不高，从2020年开始，不良ABS次级部分投资活跃度持续攀升，流动性不断增强，大家都在积极买入不良ABS次级部分，甚至出现激烈争抢份额的现象。因此，不良ABS可能是未来比较重要的领域。

二、市场竞争愈加激烈

随着第五家全国性资产管理公司银河资产以及金融资产投资公司的陆续成立，不良资产市场逐步演变为"五大AMC+地方AMC+AIC+民营"的多元化市场竞争格局，后续预计会加入外资地方资产管理公司牌照。目前，持牌机构超过60家，非持牌机构数量则在千余家之上，一个较为完善的市场格局基本形成，一二级市场的分割格局在短期内仍会维持。近几年，市场参与者不断增加，特别是以国内民营及外资为主的力量逐渐增强，再加上四大金融资产管理公司回归主业，可以预计未来市场竞争将进一步加剧，尤其是在二级市场的竞争会更加激烈。资产包价格预计会随着外部环境变化以及行业内部竞争而更加具有不确定性，如何预测价格走势将是一个较高的挑战，因地制宜、因包而定的精准策略也许会成为一个趋势。

在市场竞争加剧的情况下，加之市场环境的不确定性加大，处置难度在逐渐增加，传统的不良资产处置模式已经不适应市场的变化，单纯依靠买卖差价盈利的贸易型处置方式获利空间逐渐变小，而以投行化处置为代表的多元化深度加工型处置方式将会逐渐成为具有市场竞争力的处置模式。在多元化处置思路上，可以引入投行的理念、工具、模式来经营不良资产，通过资产重组、并购、基金、债转股、证券化等方式进行处置。这样就是用金融的方式来处置资产，而不再使用简单的贸易手段来处置资产。同时，还要全方位加强战略协同，灵活调动各类资源，如上市公司壳资源、行业龙头、金融机构、中下游服务商等，促进处置的多元化。处置方式多元化是不良资产行业未来发展的重要趋势，也是保持行业竞争力的关键手段,这是每一个从业者都需要牢记的。

目前,市场供需结构已经发生较为明显的变化,随着市场参与者的不断涌入,传统资产包收购的竞争越发激烈。在这种市场形势下,开辟新类型的不良资产市场是较好的市场机会,而且这些领域的不良资产也确实有着较大数量的处置需求,这也是对不良资产细分领域的蓝海策略的体现。目前正在开展的对于民营企业的纾困行动很多实质上也是处置民营企业的各类型不良资产,这些举动可以说是对不良资产类型多元化的积极探索。当然,这些类型的不良资产与银行不良资产在收购处置上有诸多不同之处,需要探索出符合行业自身特点的模式方法,这是在进入这个市场时所需要重视的。

三、资产价格分化明显

不良资产所对应的资产大多为土地及房屋等附着物,也就是说,平时所说的房地产价格在很大程度上决定着不良资产的价格。在当前的内外部经济大背景下,以房地产为代表的资产价格继续向上增长的压力较大,很多区域的房地产价格反而出现了小幅下跌的情况。从实际市场情况来看,随着区域性经济发展差异性的逐渐扩大,不同地区的资产价格的分化趋势非常明显。从不良资产包价格来看,一二线城市的资产包价格往往要高于三四线及以下城市,东部沿海地区价格要远高于内陆地区。从不同类型的资产来看,住宅类资产价格要高于商业类资产价格,发达地区的工业类资产价格要好于商业类资产价格。总体来看,未来上述资产价格分化的趋势会持续下去。在此背景下,需要针对区域的实际情况以及资产特点进行有针对性的处置,深度挖掘不良资产的内在价值,运用投行化手段与产业相结合实现资产的价值提升才是参与市场竞争的核心优势。

第四节　行业业务发展趋势

一、发展策略

在需求收缩、供给冲击、预期转弱三重压力叠加疫情冲击而更为复杂、严峻的宏观背景下，在人民银行、国家金融监督管理总局（原银保监会）陆续加强行业规范的严监管、高要求下，四大金融资产管理公司加速回归主业、第五大金融资产管理公司银河资产开始展业，导致行业竞争越发激烈。同时，不仅仅是四大金融资产管理公司回归主业，对于地方资产管理公司来说也存在着回归主业的导向。既然是回归主业，就要认真思考未来的发展策略。

从行业现实情况来看，对于随着内外部环境的变化，特别是与行业紧密相关的房地产行业发展不确定性增强，不良资产业务的发展策略也要发生相应的转变。过往的、简单的以"低买高卖"贸易模式为特征的传统模式，壁垒较低且不再具有竞争优势，必须回归本源，形成以金融手段为核心特征的处置能力才是突出重围的有效路径。特别是近两年，随着资产价格的承压，债权收购成本增加及处置利润受限，原本的打包、打折、打官司的方式已经很难获得可持续的超额收益。因此，不良资产行业的收购处置模式也逐渐需要进行转变。

（一）拓宽收购来源

在传统银行不良资产市场竞争激烈的情况下，需要向大不良资产市场拓展，由传统的银行对公不良贷款向个人不良贷款、以信托为代表的非银金融不良资产、非金融机构不良资产、违约债券、企业破产资产等领域拓展，形成多元化的市场格局，这样可以降低传统银行不良资产单一市场的风险。当然，不同类型的不良资产处置模式有所差异,这就要求行业参与者要有多样化、综合性的收购处置能力,这样才能适应大不良资产市场的要求。

(二)转变处置思维

传统的"三打"(打折、打包、打官司)模式进入门槛较低,其实质是贸易思维模式,并不能体现出真正的资产处置能力。因此,其收益性近几年来也是逐渐走低,行业参与者需要由"三打"(打折、打包、打官司)转向"三重"(重组、重整、重构),通过能力注入、以投行化处置等手段提升资产价值,这样才能体现出真正的资产处置能力,这种处置思维的转化也是实现市场竞争力的关键之举。

(三)撬动社会资源

不良资产从收购到处置均涉及较多相关方,单纯依靠资产管理公司或者非持牌机构自身的资源都难以独立完成资产收购处置工作。因此,必须撬动社会资源,形成与多方面相关方的稳定合作关系:通过成立基金、设立SPV、发行ABS等手段引入社会资金及相关产业资源;通过对接产业资本引入特定行业的专业资源以及处置能力,引导更多社会资源共同解决产业链循环中的痛点、难点。

(四)输出专业能力

不良资产管理的核心竞争力在于专业收购处置能力,单纯具有资金优势并不能顺利完成资产收购处置工作,依靠专业服务能力才是具有核心竞争力和可持续发展能力的具体体现。而目前很多行业参与者更多的是以资金为主要驱动,对于专业能力则偏弱。从长期可持续发展来看,要通过处置服务、财务顾问服务、投行服务、债权管理服务等轻资产业务来输出专业资产管理能力,这样在减少表内资本占用的同时,也可以进一步提升自身业务发展能力,从而为更好化解区域风险、更好畅通经济大循环留足空间。

（五）拓展生态圈层

不良资产涉及的社会领域较多，需要协调的社会资源较广。因此，保持一个广泛的生态圈对于业务拓展非常重要，行业参与者要在深化与银行、企业、地方政府、行业协会等主体合作的基础上，大力推进与非银金融机构、产业资本、中介机构、产业投资人等各类主体建立稳定的长期合作关系，推动处置需求与供给精准匹配，以优化资源配置，通过生态圈资源来助力自身业务发展。

（六）加强组织协同

不良资产收购处置属于多兵种合成作战，对于持牌资产管理公司来说，其股东大多为持有多种金融牌照的集团公司或者产业集团，可与集团内部的银行、证券、信托、期货、租赁、产业机构等单位强化协同配合，通过多牌照组合拳与资源多管齐下相结合，发挥内部协同效应，从而提高综合处置能力。对于非持牌机构来说，要形成紧密的合作伙伴圈层，建立行业协同作业模式，通过专业分工以及资源共享来发挥协同优势，以此来实现良好的业务发展。

从长期视角来看，随着经济进入承压周期区域，资产处置的周期变长、处置的难度加大，穿越长周期、平滑周期波动的重要性愈发凸显，这也预示着从债权端口向股权端口的转变。此外，通过以资产证券化为主要形式的结构化金融处置方式也是一种重要的方式，可以通过顶层的业务结构设计，合理转化时间与空间，同时打通信贷市场和资本市场，增强不同市场间的协同效应。总体来看，未来资产处置模式将加速从粗放型向技术型转型，从单一化向多元化转化，以价值发现为核心，通过资源整合能力与专业技术能力达到最终的价值提升与实现。

（七）"不良+投行"与"金融+产业"

当前，随着内外部环境的变化，不良资产处置难度在逐渐增加，处置的周期也在变长。在这么一个大背景下，就衍生出一个问题——行业效率如何有效提升，从而更好更快地消化不良资产存量，推动经济的正向循环。从行业的角度来看，未来资产管理公司要走出属于中国特色的发展之路，以"不良+投行、金融+产业"为主题的八字方针将会成为资产管理公司未来发展的必由之路，这是从理论以及实践层面进行充分思考后的结果，之所以有这个思考结果有以下原因。

一方面，在不良资产行业竞争加剧的背景下，金融机构不良资产包的价格逐步上升，导致收购成本增加；而下游房地产等资产价格承压，导致资产去化率下降、处置收益率受限，两者相结合进一步压低了传统金融不良资产业务的收益率，最终导致传统的贸易型处置模式已经不再具有竞争优势，资产管理公司单纯依靠牌照及资金优势来获取市场份额的模式也不具有可持续性，必须通过具有金融特征的处置手段来实现不良资产处置。

另一方面，债务问题将成为中国经济未来发展中面临的突出问题和主要风险之一。随着企业债务困境状况越来越复杂，要在不良资产收购处置能力提升方面"更上一层楼"，就必须打破原有的固化思维，积极推动不良资产处置的"投行化"，全力推动"金融+产业"的紧密联动，充分发挥产融协同优势。通过与产业进行有机结合，让困境企业在更多元化产业资源整合与更丰富纾困帮扶方案的助力下，更好地实现"破茧成蝶"与转型升级。

先来分析一下不良资产领域的投行。传统金融行业中的投资银行（Investment Banks）是资本市场上的主要金融中介。在传统金融行业中，投资银行业的狭义含义只限于某些资本市场活动，着重指一级市场上的承销业务、并购和融资业务的财务顾问等形态，而广义含义则涵盖众多的资本市场活动，包括公司融资、并购顾问、股票和债券等金融产品的销售和交易、资产管理和风险投资业务等。不良资产投行与传统金融投行的相同点在于，其在资本或资产市场上所扮演的角色，主要为金融中介性质，在对标的企业或资产进行以投行手段为特征的专业化管理后，帮助其实现资产价值的提升或者企业的正常经营。两者最大的区别在于所面对的标的状态不同。传统投行主要面对的是正常经营的企业，对于企业扩张存在资金或兼并收购需求；而不良资产的投行所面对的是困境企业。"不良+投行"实质上就是以投行化思维或手段来处置不良资产。

投行化处置主要包含"三重"。不良资产的投行化处置与传统处置的相同点在于面对的标的都为不良资产或困境企业，存在流动性枯竭问题，区别则主要有三点。其一，对待问题企业的方式不同。传统处置关注的是问题企业的偿债能力；投行化处置则以投资者身份帮扶企业，关注的是企业重整后的盈利能力。其二，收益重心不同。投行化处置的重点在于不良资产的深度价值挖掘，以"动力再造"为目的，使问题企业重新具备盈利能力；传统模式关注的仅是不良资产的价值回收，以"止损"为目的。其三，专业要求不同。传统处置更偏向于贸易方式，交易结构更为简单，对于专业要求较低；投行化处置的交易结构更为复杂，需要深刻认知标的企业的运营和资本市场的运作，所需专业要求更高更广。

从操作层面上具体而言，获取资产有两类路径取得股权、物权、实物等权益性资产。一是以企业纾困、重整投资、法拍资产购买等方式，直接进行不良股权、物权、实物的投资；二是通过以物抵债、以股抵债、债务重组、资产置换、市场化债转股等方式从债权端入手，获取股权、物权、实物。

在深入产业层面，可以形成三类模式构建穿越周期的资产组合。

一是配置弱周期资产，作为公司整体资产的"压舱石"，提供稳定收益；二是在实体产业中寻找周期对冲的产业组合进行配置，以实现顺逆周期均衡效果；三是结合不良资产主业的逆周期性，寻找与不良资产主业能够形成周期对冲的产业类型进行配置，以实现顺逆周期均衡效果。

在金融与产业结合方面，可以开展与产业端相配套的债权投资，构造"精准并购，低成本扩张"的路径；帮助实现产业端战略布局。结合产业优势，用投行思维与手段，实现"债权—物权或股权—产业板块（价值提升）—变现"的投资路径。

总体而言，"不良+投行"是行业发展的必然选择，"金融+产业"是金融服务的本质要求，这八个字也是适应行业发展不确定性的核心所在。发展环境的不确定性增加，从另一个方面来看，这正是行业需要深化发展的阶段。从很多行业的历史发展经验来看，很多行业的发展剧烈变化期正是行业深度变革发展的重要阶段。在外部发展环境的变化中，行业实现了优胜劣汰，形成了行业竞争结构与发展模式，产生了行业的领先者，正所谓"乱世出英雄"，这个历史经验是我们应该充分认识到的。对于不良资产行业来说也是如此，行业参与者要认真对待这个问题，以"不良+投行"与"金融+产业"为未来发展的思路方向，从而深入思考自身如何在变化中获得竞争优势。

二、科技融合

金融科技近年来在金融领域的应用逐渐加深。对于不良资产行业来说，传统依靠人工的老办法已经不太适应金融行业的发展，而且不良资产的非标性本身所带来的一些行业难点也需要通过科技手段来解决。近年来，通过大数据、地理信息系统、集成性业务信息系统、无人机等技术形成了在估值、尽调、处置等领域的应用。大数据信息可以对市场动态与趋势进行实时掌握，也可以更为精准地进行估值；无人机尽调在疫情这样的特殊时期更是显示了独特的优势；地理信息系统与大数据的结合则为投资及处置提供了有力的保障。当然，还有AI（人工智能）、云计算、区块链等很多科技手段，也可以应用到不良资产行业中来，这也是今后金融科技在不良资产行业的应用发展方向。

这些金融科技手段推动了不良资产标准化的步伐，降低了信息的不对称性，从而提升了行业效率。甚至可以说，谁具有这些金融科技能力，谁就有可能在未来的竞争中占得优势。目前来看，已经出现了这样的科技型公司，并且还有很多资产管理公司也在向这个方向迈进，未来不良资产行业与金融科技的融合程度会不断加深。当然，金融科技本质上是辅助科技手段，处置能力以及地方网络生态圈等人的要素还是非常重要，这是在今后的金融科技应用中所要注意的。

"互联网+不良资产"的平台化运营处置模式近年来已在不良资产领域得到深化发展，市场上已出现多个由互联网科技型企业运营，致力于解决信息不对称、资源配置不合理等行业难点的数字化平台。如易居牵手阿里共建的房产数字化平台、一些科技公司推出的"找律师"产品都展现了科技与行业的融合。通过发挥科技手段的市场价值发现功能，减少债权债务双方的信息不对称，打破资产管理公司、投资者、中介机构等各类市场主体之间的信息屏障，对不良资产进行合理优化配置，可以较好地提升不良资产处置效率。总体上看，互联网科技型企业已经认识到通过金融科技手段对不良资产行业资源和生态圈整合的市场空间，并且已经进入或准备进入这一赛道。但科技企业自身并不具备牌照，且因为缺乏业务经验无法提供不良资产相关服务，更多的只是发挥信息中介的功能。因此，该类平台缺乏稳定的盈利模式，无法充分发挥金融科技在不良资产领域的应用优势。而资产管理公司和互联网科技型企业相比，具备牌照优势、业务优势、经验优势和资源优势，人的要素更加充分。因此，由资产管理公司主导推进行业金融科技变革将是未来的大势所趋。目前来看，数字资产管理公司已经成为很多机构未来五年的发展目标之一。

本 章 小 结

中国不良资产管理行业已经具备了一个行业所应具有的初步市场形态，无论是从政策法规、市场规模、行业参与者还是从市场交易平台角度而言，都有了较好的发展基础。从行业生态发展趋势看，预计五家全国性金融资产管理公司依然在不良资产管理行业中占据稳固地位，而地方资产管理公司与全国性金融资产管理公司形成错位竞争，未来地方资产管理公司尤其是发展较好的地方资产管理公司会成为行业中的重要力量，金融资产投资公司将持续在债转股领域发力，并不断拓展新领域。而非持牌资产管理公司在二级市场将持续发挥重要作用，并担当最具有市场竞争力的参与者。

从行业市场发展趋势看，市场供给将呈现总体充足状态，但市场竞争将愈加激烈，并且资产价格将明显分化。

从行业业务发展趋势看，收购处置模式需要从拓展收购来源、转变处置思维、撬动社会资源、输出专业能力、拓展生态圈层、加强组织协同、开展"不良+投行""金融+产业"等维度进行转变。同时，要与科技深度融合，成为数字型资产管理公司。

部分参考答案

第一章

重要术语解释

不良资产：现实条件下不能给持有者带来预期收益的资产。各类机构在业务开展中出现的无法正常回收、质量低下的资产都可以归为不良资产。与正常的资产相比，不良资产具有低收益、低流动性等特征。

商业银行不良资产：商业银行应对表内承担信用风险的金融资产按照风险程度分为五类，分别为正常类、关注类、次级类、可疑类、损失类，后三类合称不良资产。

非银金融不良资产：主要指信托公司、券商资管、基金子公司、金融租赁公司、财务公司、汽车金融公司、消费金融公司等非银行类金融机构开展租赁或借贷等业务而产生的不良资产。

非金不良资产：主要是指非金融机构基于日常生产经营活动或因借贷关系产生的不良资产，其中除了不良债权、股权和实物类资产以外，还包括各类金融机构作为中间人委托管理其他法人或自然人财产形成的不良资产。

经济周期：经济长期发展中所经历的有规律的扩张和收缩，是自发性的周期波动。

金融周期：由金融变量的扩张和收缩引起的周期性波动。

软预算约束：当企业资不抵债时，外部机构通过非市场化手段解决流动性问题，从而避免破产清算，此时被突破的企业预算约束为软预算约束。

信息不对称：指交易中交易双方拥有的信息不同。通常在市场中卖方拥有某些买方没有的关于商品的信息。通过这些信息，卖方在交易中获得更大的收益。

复习思考题答案

1. 从信用交易的特征的角度来看，不良资产的成因是什么？

答案：不良资产的产生从本质上看是由信贷交易的跨时间和跨空间特征所导致的，这两种特征决定信贷交易是一种不平衡交易。信用的存在可以使信用交易暂时达到平衡，但信用在交易时间内并不是一成不变的，一旦信用受损，信贷交易的平衡就被打破，从而产生不良资产。

2. 不良资产形成的外因是什么？

答案：不良资产形成的外因是经济周期和金融周期的波动。

3. 不良资产形成的内因是什么？

答案：软预算理论形成了扩张性不良资产，信息不对称理论形成了"诈骗性"不良资产。

第二章

重要术语解释

顺周期性：金融部门与实体部门之间动态的正向反馈机制，这种机制会放大经济周期的波动，并导致或加剧金融部门的不稳定性。

逆周期性：经济行为与经济波动呈负反馈关系，它可以减少经济波动的程度。

风险循环的"滚雪球效应":银行的信贷收缩导致信贷市场流动性不足,利率上升,企业资金紧张,甚至连部分风险相对较低、收益较高的优质项目也难以获得银行信贷支持,通过资产负债表渠道导致经济进一步下滑。

"僵尸企业":已停产半停产、连年亏损、资不抵债、靠政府补贴和银行续贷维持经营的企业,主要集中在一些产能过剩的行业。

复习思考题答案

1. 中国不良资产管理行业的市场参与主体有哪些?

答案:目前已形成不良资产投资商(核心管理者)与不良资产服务商(辅助管理者)两大类主体。

不良资产投资商格局可以概括为"中央系+地方系+银行系+外资系+N":"中央系"即五大金融资产管理公司(又称五大AMC),"地方系"指地方资产管理公司(又称地方AMC),"银行系"指银行所属的金融资产投资公司(又称AIC),"外资系"和"N"分别指外资和民营资产管理公司。

不良资产服务商包括处置服务商、专业服务商、交易服务商、综合服务商等,分别提供处置服务、法律、评估等专业服务、交易平台服务、多元化综合服务等。由不良资产投资商、不良资产服务商等构成的多层次市场格局已逐渐成形,具有较为稳定的市场生态圈和产业链。

2. 中国不良资产管理行业的发展特征有哪些?

答案:(1)中国不良资产管理行业是金融体系的重要组成部分,是防范化解金融风险的常态化机制安排。

(2)市场规模持续扩大、参与主体分工清晰且数量陆续增加、行业运行规则逐渐完善,不良资产管理行业格局初步成型。

3.中国不良资产管理行业的宏观功能定位是什么？

答案：以坚持"防范化解金融风险，服务实体经济发展"为行业宏观功能定位，围绕政府、金融机构、实体企业开展各项工作，充分发挥金融稳定器与安全网的战略作用。

第三章

重要术语解释

金融资产管理公司：根据《金融资产管理公司条例》，金融资产管理公司是指经国务院决定设立的收购国有银行不良贷款，管理和处置因收购国有银行不良贷款形成的资产的国有独资非银行金融机构。经过20余年的发展，该概念的内涵与外延已得到较大拓展，如不良资产收购来源已包括商业银行、非银金融机构、非金融机构等各类主体；金融资产管理公司在完成股改、引战甚至上市后已变成非国有独资等。

地方资产管理公司：是指经省、自治区、直辖市、计划单列市人民政府依法设立或授权，并经国务院银行业监督管理机构公布名单，主要从事本省、自治区、直辖市、计划单列市范围内金融机构和非金融机构不良资产收购、管理和处置等业务的有限责任公司和股份有限公司。

复习思考题答案

1.中国不良资产管理行业发展可以分为哪几个阶段？

答案：中国不良资产管理行业大致经历了三个发展阶段：政策性展业阶段（1999—2006年）、市场化转型阶段（2007—2012年）和全面市场化阶段（2013年至今）。

2.政策性业务阶段的特点主要包括哪些？

答案：这一阶段的主要特征是不良资产业务开展由政府主导，包括：（1）收购来源方面，四大金融资产管理公司与四大行一一对应，向对口四大行收购不良资产；（2）收购价格方面，资产收购价格按账面价值计算；（3）资金来源方面，收购资金由人民银行以再贷款方式提供或以向原剥离银行发行特定债券方式解决；（4）绩效考核方面，四大金融资产管理公司根据财政部确定的绩效考评标准管理及处置不良资产，财政部按照回收金额的一定比例给予绩效激励，如有亏损，财政部提出处理建议并报国务院批准。

3.全面市场化业务阶段的特点主要包括哪些？

答案：这一阶段的主要特征是四大金融资产管理公司经营管理全面商业化、地方资产管理公司参与化解风险、行业进一步发展壮大并走向规范，主要包括：（1）收购来源方面，资产管理公司开始规模化收购非金融机构的不良债权资产；（2）收购价格方面，充分通过市场化竞价方式确定资产价格；（3）资金来源方面，融资渠道进一步多元化；（4）经营机制方面，四大金融资产管理公司完成股改、引战，信达、华融实现上市，以开展商业化业务为主，经营管理更加市场化；（5）市场主体方面，第五大金融资产管理公司——银河资产开业，地方资产管理公司相继成立并有力化解区域金融风险，金融资产投资公司以市场化债转股实施机构的身份参与不良资产市场；（6）监管政策方面，各项政策制度陆续出台，推动行业发展进一步走向规范。

第四章

重要术语解释

一级市场：商业银行等金融机构将不良债权进行批量转让的市场。

持牌机构包括五大全国性金融资产管理公司和地方资产管理公司，可以在一级市场直接批量（3户及以上）收购银行的不良贷款。而其他投资机构只能零星（3户以下）从银行收购不良贷款。五大金融资产管理公司可以在全国范围内参与一级市场收包，而地方资产管理公司只能在获授权经营的省市开展一级市场业务，在非授权经营的省市不得直接从银行处批量收购不良资产。

二级市场：资产管理公司把从银行处受让的资产包进行二次转让的市场。和一级市场不同的是，二级市场的各参与方不受地域和牌照的限制。

三级市场：二级市场的受让方将不良资产继续向下游转让的市场。

非银金融机构：除银行之外的金融机构，主要包括证券、保险、信托、消费金融公司、财务公司、汽车金融公司等。

非金融机构：除国家金融监督管理总局与证监会监管的各类金融机构之外的境内企业法人、事业单位、社会团体或其他组织。

复习思考题答案

1. 不良资产行业中的供应商主要包括哪些？

答案：不良资产按主体形态可以分为金融不良资产和非金融不良资产，这里的主体就是指不良资产的供应主体，具体可细分为银行、非银金融机构和非金融机构。

2. 不良资产市场的主要运行机制是怎样的？

答案：常规不良资产市场主要是指来自银行的不良贷款。由于牌照的存在，整个市场可以分为一级和二、三级市场。持牌机构（包括五大全国性金融资产管理公司和地方资产管理公司）可以在一级市场直接批量收购银行的不良贷款。而其他投资机构只能零星从银行收购不良贷款，或者从一级市场的买方手里收购。

3.个人不良贷款的收购运行机制是怎样的？

答案：对于个人不良贷款的收购，金融资产管理公司和地方资产管理公司获监管批准后，均可在全国范围内批量收购个人不良贷款。

第五章

重要术语解释

司法拍卖：是不良资产处置中的一种重要方式，主要通过司法程序将抵押物进行拍卖变现，从而实现债权全部或部分清偿。司法拍卖为了增强资产价值变现能力，提升资产流动性，通常将资产挂拍在互联网上，从而面向更多的买方群体。

房产司拍流动性：网络拍卖房产市场的一拍数占整个网络拍卖房产次数的比重，即一拍数占比。

复习思考题答案

1.不良资产的潜在供给有哪些？

答案：商业银行的不良贷款规模是不良资产市场最主要的潜在供给。此外，不良资产的主要潜在供给来源还有信托行业、违约信用债以及非金融机构应收账款。

2.近年来不良资产市场交易情况如何？

答案：从近几年的债权交易情况来看，银行转出规模逐年下降，持牌机构转出规模较为稳定，东南沿海的债权交易活跃度较高，规模也较大。而近三年房产司法拍卖总次数逐年上升，新增拍品也整体上升，但是流动性却逐年递减。

第六章

重要术语解释

金融资产投资公司：是指经国务院银行业监督管理机构批准，在中华人民共和国境内设立的，主要从事银行债权转股权及配套支持业务的非银行金融机构。

非持牌投资者：是指不具有批量收购金融不良资产资质的投资者，大都属于普通工商类企业或自然人，国内投资者以非金融机构为主，国外投资人以国际资产管理机构为主。

复习思考题答案

1. 五大金融资产管理公司的发展优势与劣势主要有哪些？

答：五大金融资产管理公司的发展优势主要有：（1）具有丰富的业务资源和较强的专业能力。（2）政策支持力度大，享受较多政策优惠。（3）资金实力雄厚，融资成本较低、融资渠道较广。

五大金融资产管理公司的发展劣势主要有：（1）存在政策性业务的负担。（2）地方性资源相对欠缺。（3）监管主体较多，监管压力相对较大。

2. 地方资产管理公司的发展优势与劣势主要有哪些？

答：地方资产管理公司的发展优势：（1）地方属性。立足地方，信息掌握更加充分，对于当地市场的敏锐度更高，利用当地资源更为便利。（2）监管灵活性。地方监管部门有相对较大的监管自主权，地方资产管理公司在做好监管沟通的基础上，经营管理更具灵活性。

地方资产管理公司的发展劣势：（1）未有金融牌照，业务开展受限。(2) 经验相对欠缺,能力相对不足。(3) 规模相对较小,人力财力有限。

3. 金融资产投资公司的发展优势与劣势主要有哪些?

答案:金融资产投资公司的发展优势:(1) 有银行总行及监管政策支持。(2) 专注债转股主业。(3) 客户资源丰富。

金融资产投资公司的发展劣势:(1) 业务类型相对单一。(2) 展业范围相对受限。

4. 非持牌投资者主要包括哪些类型?

答案:民间投资者,例如,非持牌资产管理公司(投资管理企业)、私募股权投资公司、房地产公司等。国际资产管理机构,例如,国际性投资银行高盛、花旗等。

第七章

重要术语解释

处置服务商:为不良资产的拥有者或投资者提供债权转让、诉讼追偿、企业重组、市场化债转股、破产重整、破产清算和资产证券化等不良资产处置服务的机构。

专业服务商:律师事务所、会计师事务所、资产评估机构等提供不良资产相关专业服务的中介机构。

交易服务商:发布不良资产标的信息、撮合交易,有独立的交易系统和结算系统保障交易的稳定性和安全性的第三方不良资产交易平台。

综合服务商:为不良资产核心管理机构提供收购处置全过程综合服务的辅助管理机构。

复习思考题答案

1. 不良资产处置市场有哪些中介服务机构？分别有什么作用？

答案：具体来说，中介机构有律师事务所、会计师事务所、资产评估机构、处置商、拍卖机构、咨询机构、信息科技企业等，这些中介机构一般被称为服务商，一般可以分为四类：处置服务商、专业服务商、交易服务商和综合服务商。处置服务商置力于清收处置，实现资产价值；专业服务商主要负责信息和资源挖掘，降低处置成本以及明确资产价值；交易服务商增强了不良资产流动性，提高资产定价效率；综合服务商则以多种服务能力为基础，为客户提供多方位定制化服务。四类机构各司其职，在不良资产管理领域发挥各自的特有作用，共同实现各类资源的高效运转，提升了不良资产处置价值和不良资产市场整体运作效率。

2. 处置服务商基本职能有哪些？

答案：处置服务商的工作一般围绕不良资产的管理和处置展开，根据不同投资者的需求偏好和不良资产的类型、特点提供差异化的服务内容，一般包括如下服务类型：市场调研、业务咨询、获取项目信息、尽职调查、估值定价、业务谈判、交易策划、代表交易、服务商档案管理、资产管理、资产处置、资产营销、生态圈维护等等。服务商根据投资者的需求、偏好、风险承受能力和投资规模等，在一、二级市场中收集信息，挑选具有投资价值的项目，与转让方沟通谈判，并对标的进行尽调、估值，设计交易结构和竞买策略，促成投资者获取项目。之后围绕项目的投资回报目标和投资周期要求，勤勉尽职地对项目进行（再）尽调、管理和处置，帮助投资者实现投资预期、顺利退出。

3. 利用"互联网+"技术拓展不良资产处置模式有哪些优势？存在哪些问题？未来有哪些发展趋势？

答案:"互联网+不良资产"的模式在不良资产的处置过程中具有特殊的优势。比如:信息展示和宣传优势、能够集成各类服务中介、具有大数据累积效应、进行背景信息对接、降低交易成本、流量优势、引入多元参与者、提高市场有效性、把握时间价值、提高回收率等等。

问题和趋势:(1)交易平台仅仅作为拓宽不良资产处置渠道的一种手段;"围观者"多而"成交者"少,未来需要面向特定客户群体,更加精准营销推广,提高流量效率和成交量。(2)不良资产交易平台的信息展示作用大于交易撮合;未来需要制定信息披露相关标准和规定,加强对项目主体来龙去脉的信息披露,降低信息不对称风险,辅助投资者判断,使买卖双方公平交易。(3)交易平台仍是推动"互联网+不良资产"业务发展的重要方向;由于不良资产业务成本较高、处置周期长,而互联网交易平台凭借低交易成本、高定价效率的优势,是扩展不良资产处置模式的不二之选。互联网平台将融合渠道创新和模式创新,在资产处置的探索过程中可以不断和其他模式相结合,形成互补,共同推进"互联网+不良资产"模式的创新发展。

第八章

重要术语解释

不良资产管理行业监管机构:不良资产管理行业监管机构主要包括国务院、中国人民银行、财政部、国家金融监督管理总局(原银保监会)、省级地方金融监管局等。其中,监管地方资产管理公司的主要为国家金融监督管理总局(原银保监会)、省级地方金融监管局等,国务

院、中国人民银行、财政部、国家金融监督管理总局（原银保监会）均对金融资产管理公司进行监管。

地方金融组织：根据《地方金融监督管理条例（草案征求意见稿）》，地方金融组织是指依法设立的小额贷款公司、融资担保公司、区域性股权市场、典当行、融资租赁公司、商业保理公司、地方资产管理公司，以及法律、行政法规和国务院授权省人民政府监督管理的从事金融业务的其他组织。

复习思考题答案

1. 由原银保监会（或原银监会）单独或联合印发规范地方资产管理公司的规章制度主要有哪些？

答案：主要有《金融企业不良资产批量转让管理办法》（财金〔2012〕6号）、《关于地方资产管理公司开展金融企业不良资产批量收购处置业务资质认可条件等有关问题的通知》（银监发〔2013〕45号）、《关于适当调整地方资产管理公司有关政策的函》（银监办便函〔2016〕1738号）、《关于加强地方资产管理公司监督管理工作的通知》（银保监办发〔2019〕153号）、《关于开展不良贷款转让试点工作的通知》（银保监办便函〔2021〕26号）等。此外，原银保监会2021年就《地方资产管理公司监督管理暂行办法》征求意见。

2. 金融资产管理公司在管理和处置因收购国有银行不良贷款形成的资产时，可以从事哪些业务活动？

答案：《金融资产管理公司条例》规定，金融资产管理公司在其收购的国有银行不良贷款范围内，管理和处置因收购国有银行不良贷款形成的资产时，可以从事下列业务活动：（1）追偿债务；（2）对所收购的不良贷款形成的资产进行租赁或者以其他形式转让、重组；（3）债权转股权，并对企业阶段性持股；（4）资产管理范围内公司的上市推荐及债券、股票承销；（5）发行金融债券，向金融机构借款；（6）财务及法律咨询，资产及项目评估；（7）中国人民银行、中国证券监督管理委员会批准的其他业务活动。

第九章

重要术语解释

收购业务：资产管理公司在充分尽调的基础上，根据公允价值，按照市场化原则收购不良资产出让方（包括银行、非银金融机构等）的资产，并对其管理和处置，最终收回资金，实现盈利。

处置业务：不良资产处置是通过发挥专业能力，综合运用多种处置手段与方法，对所持有的不良资产进行处置，以获取经济收益的经营活动。

不良资产评估：从技术分析的角度对估值基准日特定目的下不良资产的价值进行分析、估算，为即将发生的经济行为提供价值参考。不良资产定价则是综合多方面因素，决定资产收购或出售底价的过程。不良资产评估的本质就是基于尽职调查所获得的债务人及干系人可用于偿还债权人债务的财产线索的估算。

诉讼管辖：诉讼管辖是指各级法院之间以及不同地区的同级法院之间，受理第一审民商事案件、知识产权案件及其他各类案件的职权范围和具体分工。

撤销权：撤销权为实体法上的权利；撤销权为附属于债权的权利；撤销权是一种综合性权利，具有形成权和请求权的性质。

诉讼保全：诉讼保全，是指人民法院对于可能因当事人一方行为

或者其他原因，使判决不能执行或难以执行的案件，在对该案判决前，依法对诉讼标的物或与本案有关的财物采取的强制性措施。

复习思考题答案

1. 传统不良资产处置和投行化不良资产处置业务分别包含哪些方式？

答案：传统处置手段包括直接催收、司法清收、债权/收益权转让、破产清收、资产证券化、委托处置等。投行化处置手段又包括债务重组、破产重整、共益债和市场化债转股等方式。

2. 债权转让后可采用哪些方式进行送达公告？

答案：《债权转让通知书》可以采取书面送达、公证送达、登报等多种方式，通知的形式并未做严格限定，只要意思送达即可。但是在实务操作中，为了规范行为，控制风险，在进行类似的告知行为时，最好采取寄送纸质告知函或者是电文送达的方式，保留送达记录，以便备用，防止出现法律纠纷。

3. 如何界定诉讼管辖问题？

答案：按照《中华人民共和国民事诉讼法》规定，金融特殊资产相关诉讼问题的诉讼管辖权归属应该严格按照法律规定，即按照实际债务的归属权所属的银行所在地和债务公司实际所在地来归属诉讼权利。但是由于债务人和银行金融特殊资产处置人可能存在地域差别，实际诉讼过程中诉讼权的归属会对案件的实际审判工作带来影响，造成双方就诉讼权归属问题产生法律纠纷。

4. 什么是特殊资产评估的现实性风险？

答案：我国如今的金融特殊资产大部分都是债权类特殊资产，而且这类金融特殊资产占据全部特殊资产大概三分之二的比重，同时占比还在不断扩大。债权类特殊资产的不确定性较强，大多数即便能获得债权人的认同,但依旧不能及时回收,而且现行的法律规定并不能完全保障债权人在这段关系中拥有绝对权利。在实践中,大部分债权的行使也都是依靠对于债务企业的主导地位,不然债务企业就会对债权置若罔闻,而大部分的普通债权自身并不具备强制执行的效力,这也使得特殊资产评估因为存在太多的不确定性而引发诸多风险。

参 考 文 献

[1] 陈建平.地方版资产管理公司发展探析[J].西南金融,2014(11):18-22.

[2] 戴相龙.中国金融改革开放难忘的十年[J].中国金融,2018(23):22-25.

[3] 杜惠芬.资产管理公司持续发展的途径与运行机制——对韩国资产管理公司运营的考察与思考[J].财贸经济,2005(08):21-25+96.

[4] 段静静.地方资产管理公司的缘起及影响[J].现代经济信息,2014(15):164+166.

[5] 郭志国,张佳.地方资产管理公司发展路径研究——业界实践视角[J].华北金融,2015(03):61-64.

[6] 郭志国,张佳.地方资产管理公司发展战略研究[J].浙江金融,2015(04):32-35.

[7] 何力军,袁满."互联网+"背景下不良资产业务模式创新研究[J].浙江金融,2015(12):7-13.

[8] 胡建忠.金融资产管理公司化解金融风险的历史经验[N].金融时报,2019-12-16(08).

[9] 华静.金融不良资产处置的定价行为——基于中国不完全市场条件的分析[J].现代经济探讨,2010,(05):66-70.

[10] 黄志凌.当前中国资产管理公司的若干关注焦点[J].金融研究,

1999（09）：50-55.

[11] 姜乾之，刘学华.上海打造长三角不良资产交易平台的探索［J］.统计科学与实践，2020（01）：18-22.

[12] 金融资产管理公司改革和发展课题组，李超，邵伏军.我国金融资产管理公司的改革和发展［J］.金融研究，2006（04）：31-39.

[13] 蓝国瑜.地方资产管理公司竞争策略［J］.中外企业家，2015（17）：14-15.

[14] 李德.我国银行业处置不良资产的思路和途径［J］.金融研究，2004（03）：28-36.

[15] 李华鹏.秦丽萍：律师在不良资产市场中的重要作用 访北京中投律师事务所主任秦丽萍［J］.中国律师，2016（01）：34-37.

[16] 李玲.地方资产管理公司特点及其对不良资产市场的影响［J］.银行家，2015（03）：94-96.

[17] 林文顺，陈小重.省级资产管理公司的运营现状及其影响［J］.金融发展评论，2013（06）：82-86.

[18] 刘强.我国金融资产管理公司战略转型研究［D］.北京：首都经济贸易大学，2011.

[19] 刘雪梅.我国不良资产处置与金融资产管理公司转型机制研究［D］.西安：西北大学，2006.

[20] 刘毅，崔琳杰.国有资产管理公司作用的博弈分析［J］.北京工商大学学报（社会科学版），2008（04）：70-75.

[21] 刘铮.转轨时期中国金融资产管理公司运作方式研究［D］.西安：西北大学，2006.

[22] 柳仲颖.我国金融资产管理公司的市场化演变研究［D］.大连：大连理工大学，2010.

[23] 吕劲松.完善金融资产管理公司运行机制的探讨［J］.金融研究，2005（07）：171-175.

[24] 牟益斌.成立资产管理公司的国际比较及启示［J］.中国金融，1999（05）：42-43+45.

[25] 倪剑.地方资产管理公司的定位与监管研究［J］.上海金融，2015（01）：49-53.

[26] 戚积松.中国金融资产管理公司的改革与发展问题研究［D］.长春：吉林大学，2010.

[27] 石锐.国有资产管理重庆YF运营模式研究［D］.重庆：重庆大学，2008.

[28] 唐双宁.依法处置不良贷款　防范化解金融风险——《金融资产管理公司条例》学习要点［J］.中国金融，2001（01）：19-20.

[29] 佟铁成.银行不良资产与金融资产的管理［D］.长春：吉林大学，2005.

[30] 王海军，张海亮.不良资产处置与管理［M］.北京：中国金融出版社，2017.

[31] 王立鹏，彭富强.盘活重整是不良资产的最佳处置模式［N］.中国会计报，2016-02-19（009）.

[32] 王文清."互联网+"在金融业不良资产处置中的应用探析［J］.信息系统工程，2019（02）：21.

[33] 谢平.中国金融改革面临的挑战［J］.中国工业经济，1999（04）：23-28.

[34] 杨明华.中外金融资产管理公司的发展：比较与借鉴［J］.世界经济与政治论坛，2007（06）：49-54.

[35] 袁钢明.中国国有企业不良负债的实证分析［J］.经济研究，

2000（05）：12-20+79.

［36］战友.论地方资产管理公司的运作与发展［J］.金融发展研究，2014（12）：69-72.

［37］张彩红.我国资产管理公司转型发展的途径研究［D］.太原：山西财经大学，2011.

［38］张丽.我国金融资产管理公司发展方向的探索［D］.成都：西南财经大学，2006.

［39］赵毅.中国国有商业银行不良资产的形成与处置［M］.北京：中国物价出版社，2001.

［40］赵永军.中国金融资产管理公司的运行与发展研究［D］.咸阳：西北农林科技大学，2008.

［41］郑万春.金融资产管理公司转型的出路在于市场化［J］.中国金融，2011（03）：70-72.

［42］中国人民银行.中国货币政策执行报告［R］.2001-2021.

［43］中国人民银行.中国人民银行年报［R］.2001-2019.

［44］中央财经大学课题组.借鉴韩国经验实现我国资产管理公司持续经营［J］.宏观经济研究，2005（03）：38-41.

［45］周小川.关于国有商业银行改革的几个问题［N］.金融时报，2004-05-31.

［46］周小川.大型商业银行改革的回顾与展望［J］.中国金融，2012（06）：10-13.

［47］朱满华.中国金融资产管理公司商业化转型研究［D］.北京：北京林业大学，2009.

［48］朱民，黄金老.论中国的资产管理公司［J］.经济研究，1999（12）：3-13.

［49］《金融资产管理公司条例》（国务院令2000年第297号）

［50］《最高人民法院关于审理涉及金融资产管理公司收购、管理、处置国有银行不良贷款形成的资产的案件适用法律若干问题的规定》（法释〔2001〕12号）

［51］《最高人民法院对〈关于贯彻执行最高人民法院"十二条"司法解释有关问题的函〉的答复》（法函〔2002〕3号）

［52］《中华人民共和国中国人民银行法》（2003年修正）

［53］《全国人民代表大会常务委员会关于中国银行业监督管理委员会履行原由中国人民银行履行的监督管理职责的决定》（2003年）

［54］《最高人民法院关于金融资产管理公司收购、处置银行不良资产有关问题的补充通知》（法〔2005〕62号）

［55］《财政部关于进一步规范金融资产管理公司不良债权转让有关问题的通知》（财金〔2005〕74号）

［56］《中华人民共和国银行业监督管理法》（2006年修正）

［57］《金融资产管理公司资产处置管理办法（修订）》（财金〔2008〕85号）

［58］《关于审理涉及金融不良债权转让案件工作座谈会纪要》（法发〔2009〕19号）

［59］《金融资产管理公司并表监管指引（试行）》（银监发〔2011〕20号）

［60］《金融企业不良资产批量转让管理办法》（财金〔2012〕6号）

［61］《中国银监会关于地方资产管理公司开展金融企业不良资产批量收购处置业务资质认可条件等有关问题的通知》（银监发〔2013〕45号）

［62］《金融资产管理公司监管办法》（银监发〔2014〕41号）

[63]《关于适当调整地方资产管理公司有关政策的函》(银监办便函〔2016〕1738号)

[64]《金融资产管理公司资本管理办法(试行)》(银监发〔2017〕56号)

[65]《国务院机构改革方案》(2018年)

[66]《中国银保监会办公厅关于加强地方资产管理公司监督管理工作的通知》(银保监办发〔2019〕153号)

[67]《最高人民法院关于新民间借贷司法解释适用范围问题的批复》(法释〔2020〕27号)

[68]《中国银保监会非银行金融机构行政许可事项实施办法》(银保监会令2020年第6号)

[69]《银行保险机构许可证管理办法》(银保监会令2021年第3号)

[70]各地方金融(监督管理)条例

图书在版编目(CIP)数据

中国不良资产管理行业概论/李传全,刘庆富,冯毅编著. —上海:复旦大学出版社,2023.8
中国不良资产管理行业系列教材
ISBN 978-7-309-16547-0

Ⅰ.①中⋯　Ⅱ.①李⋯　②刘⋯　③冯⋯　Ⅲ.①不良资产-资产管理-中国-教材　Ⅳ.①F123.7

中国版本图书馆 CIP 数据核字(2022)第 201023 号

中国不良资产管理行业概论
ZHONGGUO BULIANG ZICHAN GUANLI HANGYE GAILUN
李传全　刘庆富　冯　毅　编著
责任编辑/朱　枫

复旦大学出版社有限公司出版发行
上海市国权路 579 号　邮编:200433
网址:fupnet@fudanpress.com　http://www.fudanpress.com
门市零售:86-21-65102580　团体订购:86-21-65104505
出版部电话:86-21-65642845
上海盛通时代印刷有限公司

开本 787×1092　1/16　印张 19.25　字数 231 千
2023 年 8 月第 1 版第 1 次印刷

ISBN 978-7-309-16547-0/F·2939
定价:67.00 元

如有印装质量问题,请向复旦大学出版社有限公司出版部调换。
版权所有　侵权必究